仕事の流れの中で
学びを設計する

Designing for

ラーニング

Modern

デザイン・

Learning

ハンドブック

クリスタル・カダキア　リサ・M・D・オウエンス 著　中原孝子 訳

日本能率協会マネジメントセンター

Designing for Modern Learning : Beyond ADDIE and SAM
by Crystal Kadakia and Lisa M.D. Owens

本書への賞賛の声

"カダキアとオウエンスは、既存のトレーニングモデルの最良の部分を、現代の職場学習のための新しいロードマップに見事に適応させています。すべてのトレーニング専門家は、学習をビジネスに統合し、仕事の成果に焦点を当てるために、彼らのガイダンスに従うべきです。"

ジム・カークパトリックとウェンディ・カークパトリック

(『カークパトリックの4段階トレーニング評価』共著者)

"この本はすべてのL&D担当者の棚に置くべきです。カダキアとオウエンスは、大局的な見方とアイデアをあらゆる規模のプログラムに、そのアイデアを適用する方法のバランスを取りながら、学習の未来について明確なビジョンを提示しています。"

ザック・ルービン

(プロフェッショナル・ブッククラブ・グルの共同設立者兼CEO)

"カダキアとオウエンスは、現代の学習者の現実を熟考した上で、実践的なモデルを提供しています。魅力的なコンテンツを作成し、意味のある変革を推進し、真の学習からのみ得られる行動変容の結果を測定する任務を担うL&D担当者の必読書です。"

グレース・エイモス(シスコ、人材開発担当)

"これは、ラーニングリーダーやインストラクショナルデザイナーに役立つ、示唆に富む実用的なリソースです。新鮮なアイデアと新しいモデルが満載で、新しいテクノロジーと複数の学習資産を効果的に活用して、今日の現代の学習者にサービスを提供するのに役立ちます。"

ジェイ・ローズ

(BCDトラベル、グローバル・ラーニング&デベロップメント、元シニア・ディレクター)

"本書は、変化している今日の職場に対して進化してこなかった学習モデルに、待望のアップデートをもたらしています。OK-LCDモデルは、社会的学習の要素に対応し、まだ発明されていないラーニングテクノロジーを含むように拡大しています。"

　　　　リッチ・ヘイゼルティン

　　　　（CPTD, RichIntegration.com, 元ザッポス 技術人材開発責任者）

"この本は、L&Dプロフェッショナルのための学習理論と実用的なツールを完璧に融合させたものです。「私たちの専門分野に対する好奇心と創造性に火をつけ、私たちを現代の学習者へと変身させてくれます」と述べています。"

　　　　クリス・エバーソール

　　　　（オハイオ・ナショナル・ファイナンシャル・サービシズ、タレント・マネージメント担当アシスタント・バイス・プレジデント、）

"私たちの世界は変わりました。過去に通用した学習モデルは、ダイナミックで絶え間なく変化するこの世界では、その適合性に限界が出てきました。カダキアとオウエンスは、継続的に進化する業務環境に対応する強力な学習モデルを提供しています。"

　　　　デビッド・リチャード・ムーア

　　　　（オハイオ大学革新的学習デザイン&テクノロジー学部教授）

" OK-LCDモデルは、多くのフレームワークや理論の最良の要素を取り入れ、それらをブレンドすることで、本物の学習体験を生み出すための学習者中心のパフォーマンスロードマップを提供しています。人材開発戦略を強化したいとお考えの方にとって、この本は、一回やったらおしまい（one and done）の学習から、トレーニングを必要としている人たちに学習体験の全道筋を提供するための指針となるでしょう。"

　　　　カラ・ノース

　　　　（オハイオ州立大学 シニアラーニングエクスペリエンスデザイナー）

"最もシンプルなコンセプトこそが、私たちが見落としているものだったりします。本書は、マーケティングでは一般的に目にする「顧客」というレンズを通して学習を捉えるという、素晴らしい仕事をしています。現代のL&D担当者がすぐに実践できるように、理論と実践的なステップやアプリケーションを見事に組み合わせています。"

アレックス・ボーデン
（Recruiter Academy認定リクルーター, PEOPLEfirst, タレント＆リテンション・コンサルティング）

"本書は、学習戦略をデジタル時代に適応させるための有用な入門書です。カダキアとオウエンスは、学習設計と開発を近代化するプロセスをガイドする、簡潔で実用的なリファレンスを提供しています。"

ブランドン・カーソン（『*Learning in the Age of Immediacy*』著者）

"本書は、L&D部門に配属されたばかりの人にも、より上級の視点からビジネスを理解し検討する必要がある人にも、洞察に満ちた適切で示唆に富んだ内容を提供しています。学習者個人の違いとビジネスに精通する必要性の両方に関わることで、L&D担当者がキャリアを伸ばし、この新しいスキル経済の中でL&Dの世界がどのように変化していくのかを探求し続ける上で、必ずやサポートとなるでしょう。著者の柔軟な思考と戦略的なエネルギーは、L&Dの進化をめぐる議論を推進していく上で貴重な財産となるでしょう。"

ジェフ・ミラー
（コーナーストーン・オンデマンド、ラーニング＆オーガニゼーション・エフェクティブネス担当AVP）

"OK-LCDモデルは、まさに私が必要としていたものです。シンプルで包括的、研究に基づいた羅針盤であり、私のチームが現在直面している学習デザインの複雑さを乗り越えるのに役立ちます。今日のリモートファーストの職場環境では、再設計しなければならないプログラムや、構築しなければならないプログラムがたくさんあります。この本は、新鮮でシンプルなフレームワークと、必要とされる新しい言語を用いて、私たちが自信を持って迅速に行動できるようにしてくれます。この本のおかげで、私のチームは新しい行動に移行することができるようになりました。"

モーリー・ブラウン・ピケット

(Head, Learning Experiences, Facebook)

"歴史上、継続的な学習がこれほど必要とされた時代があったでしょうか。変化する世界では、すべての社会人が自分のスキルを更新する必要があり、従来の方法ではもはや十分ではありません。企業教育の変革が求められている中で、この本で紹介されている新しいモデルは、先見の明があります。"

グレッグ・フレーリー（GFイノベーション社CEO）

私たちがこの本を書いている間、さまざまな洞察力を与え、
そして支えてくれた夫ジェレミーとリッチにとても感謝し、
大切に思っています。「デジタル時代の新しい学習」の仕事での出張や
ビデオ会議のときでも、私たちの間では、彼ら二人のことを考えていました。

私たちを信頼し、
職場でこのモデルを適用・実践してくれた多くの同僚たちは、
そのストーリーやこの現在進行形で進化している学習の世界における
その成功の秘訣を共有してくれました。
私たちは、みんなと共にラーニングデザインを改革できることを
とても嬉しく思っています。

CONTENTS

序　文

　クリスタル・カダキア（クリスタル）とリサ・M・D・オウエンス（リサ）は、この本によって、ラーニング＆デベロップメントの分野（L&D分野）に大きな貢献をしました。私がそう思う理由をお話しましょう。L&D分野は急速に複雑化しています。理論、モデル、分析・評価手段、設計・開発ツール、方法論の数はますます増えています。学習の専門家は、企業の教育センターを建設したり、さまざまなラーニング配信のためのテクノロジーの開発や導入をしたり、学習のパーソナライズのための措置を講じたり、ニーズアセスメントや学習の業務転換を支援するパフォーマンス・コンサルティングを提供しています。また、外部のラーニングプロバイダーも増え、インターネット上には目まぐるしく変化するラーニングリソースが存在し、コンテンツはトレーニング会社や大学からも提供されています。

　それと並行して、企業にとって学習は生き残りのための最重要課題であり、明白な競争上の優位性となってきています。そして、学習の専門家は重要なビジネスパートナーになりつつあり、中には、学習に関わるすべてをまとめることを仕事とするC-suite（CEO、CFO、COO、CIOなどの「C」から始まる会社の経営を司る役職）もいます。

　一言で言えば、企業における学習は非常に複雑で込み入った分野となり、その貢献度はますますビジネスの成功の鍵となってきているのです。

　学習の専門性と学習ニーズの両方が加速しており、また、ほぼすべての学習ニーズに対応する学習リソースが存在しています。しかし、これらのリソースは、変化をサポートするように組み立てられていないことが多いのです。さらに、よりアクセスしやすく、ソーシャルで、魅力的なフォーマットを期待する現代の学習者にはアピールできないことも多いのです。例えば、依然として多くの企業においては、『集合型のクラス教室（リアルまたはバーチャル）』が学習プログラムの主な提供方法であり、たいていの場合、1回限りのもの（One-and-done）であったり、万能型（One-size Fits All）のソリューションであったりすることも事実なのです。

　また、学習から得られるROI（投資収益率）は不明確で、時には失望させられることもあり、学習のビジネスケースをリーダーに説明したり、学習を仕事での実際の行動に結びつけたりすることは、依然として困難です。

リサとクリスタルが本書とそのモデルで行っていることは、ラーニング・プロフェッショナルがこれらの課題に対処し、複雑化し戦略的に重要な人材開発の分野を管理するためのフレームワークを提供することです。彼らのモデルは、ビジネスの成果を達成するために、最適な学習リソースを特定し、組み合わせることを容易にします。また、このモデルは、学習から利益を得ることができる人々のために学習をパーソナライズし、最新化することを支援します。

　彼らのアプローチによってもたらされるシナリオは以下の通りです。

　　学習クラスター（ラーニングクラスター）は、個人やビジネスの成功に明確に関連する特定の能力を構築することを直接目的とした学習資産のクラスター、グループのことです。

　　これらのラーニングクラスターには、伝統的なもの（研修・トレーニングコース、書籍、学習グループ、ジョブエイド）からテクノロジーベースのもの（ビデオ、バーチャルリアリティ、アプリ、バーチャルミーティング）までさまざまな学習資産が含まれます。また、これらのクラスターには、学習者のニーズや欲求に基づいて選択された活動、即時的な活動、フォーマル（公式的）な活動が常に混在しています。学習資産には、新しくデザインされたリソースや、既存の既製コース、職場にあるものなどが含まれ、オリジナルの形であったり、現代の学習者向けにアップデートされていたりします。言い換えれば、新しい資産が既存のリソースに加わることで、古い資産の寿命が延びるということです。学習者を中心に据えた（learner-centered）豊かな環境の中で、フォーマル、インフォーマルを問わず、すべての人の学習が起こります。

　学習者は、戦略的なパフォーマンス目標を達成するミッションクリティカルな特定のペルソナのために用意された、再構成可能なリソースに囲まれています。このようなシナリオは、企業における「１回受講すれば完了（One-and-done）」「誰にでも合う（One-Size Fits All）」型の学習アプローチに勝るものです。

　このシナリオの背景にあるフレームワークは、Owens-Kadakia Learning Cluster Design Model（略してOK-LCD）です。これは、デザインとキュレーションされた学習を通して、組織や個人の開発を行うための、興味深く、実

用的で、体系的なアプローチを提示するものです。OK-LCDはシンプルなモデル（アクションに焦点を当てた５つの要素）で、意図的かつ体系的に使用することができますが、絶対にそのとおりにしなければならないという堅苦しいモデルではありません。著者は、皆さんがこのモデルを実施しながら、判断し、柔軟に適応することが必要であると認識しています。

　このモデルの５つのアクションは以下の通りです。

　・**チェンジ**：実際の行動の変化と結果に焦点を当てる。
　・**ラーン**：学習者とその目的の違いを考慮してペルソナを作成する。
　・**アップグレード**：既存の学習資産をモダナイズする。
　・**サラウンド**：意味のあるラーニングクラスターで学習者に力を与える。
　・**トラック**：「学習の利用率」だけではなく、変化結果を戦略的に伝える。

　私が高く評価している点は、リサとクリスタルが先人たちのアイデアを参照して統合し、それらを自分たちのモデルの詳細（デザイン思考、アジャイル、学習が必要な瞬間など）に組み込んでいることです。統合は、モデルへの適応以外でも行われています。例えば、「ラーニングクラスター」では、人の学習方法に関する「70-20-10」の３つのカテゴリー（オン・ザ・ジョブの経験や学習、社会的な学習や経験／ソーシャル・ラーニング、フォーマルな学習）をすべて統合しています。また、著者は学習者の選択肢を統合的に捉え、単体の「研修」の効果といった観点からではなく、複数の学習資産とユーザー支援の全体的なインパクトを考える観点を推進しています。OK-LCDの世界では、測定は検証と継続的な改善のためのものであることは事実です。しかし、著者は、学習によるラーニングクラスターの活用を促すためだけではなく、コミュニケーションやマーケティングのために測定値を使うことも重視しています。つまり学習の推進かビジネス環境かといった、「どちらか一方」ではなく「両方」の考え方を示しているのです。

　リサとクリスタルはエンジニアであると同時に学習のプロでもあります。そのため、この本では、分析的な厳密さと、人間的な側面への深いコミットメント（「両輪」）が両立しています。彼らのOK-LCDモデルは涙型で、パーツが重なり合うベン図のような形をしており、ビジュアル的にも優れています。文章はエンジニアのように正確で、明確で信頼性の高い章構成になっており、提

案されたアクションを導く（組み立てる）ためのワークシートや図が用意されています。そして、彼らが正確さを増すと信じる新しい用語を導入し、私たちに新しいアイデアやニュアンスに目覚めるようなシグナルを送っています。

　しかし、この本は専門用語を多用したマニュアルではありません。著者は、モデルの使用方法を示すエピソードを交えながら、活力に満ちた言葉で読者を惹きつけます。

　この序文の冒頭で、私はリサとクリスタルがこの分野に大きな貢献をしたと述べました。そのサービスの核心は、フォーマル・ラーニング、オン・ザ・ジョブの学習、ソーシャル・ラーニングを、ビジネスとそれを経験する現代の学習者に合わせたラーニングクラスターにまとめる新しい方法を提供していることです。このフレームワークは、最終的な目標を明確にすることから、効果を評価して伝えることまで、学習デザインの全サイクルに対応しています。また、このフレームワークは、既存のリソースを更新して最新化するだけでなく、目的に合った新技術を含む新しいリソースを追加するためのガイドを提供する無駄のないアプローチです。本書に掲載されているワークシートやガイダンスは、学習デザインに対する厳密で合理的なアプローチをサポートするものです。しかし、高度な知識とスキルを兼ね備えた学習専門家にも、即興で活用できるスペースがたくさんあります。

　この本は、人々がより賢く、より自己形成力のある学習者になることを支援し、学習する組織／企業を構築するという私の仕事に多くのアイデアをもたらしました。OK-LCDモデルを学び、実践していく上で、また、急速に変化しているこの分野での創造的な行動を促す上で、あなた自身の仕事にも大きな価値を見出すことができると確信しています。

パトリシア・A・マクレーガン
組織変革アドバイザー
『*Unstoppable You*－新しいラーニング4.0マインドセットを採用して、人生を変えよう』著者

はじめに

L&Dの新戦略

　二人の人物が集まって「学習のモダイナイズ」に関する本を書こうとした動機は何だったでしょうか？　人生における重要な役割を、ラーニングデザインという芸術に捧げてきた二人です。二人とも学ぶことが大好きですが、それ以上に、人々が点と点を結びつけて自分たち自身の「Aha Moment（なるほど！と思う瞬間）」を得ることを助けるのが大好きなのです。この本は、人の成長を支援することに情熱を持ち、そのために自分の考えやスキルを常に向上させている私たちのような人のためのものです。

　多くの人がそうであるように、私たちも学習・開発（L&D）におけるこの瞬間を待っていました。企業では、仕事における人々の役割が急速に変化し、より複雑になっていく中で、従業員をスキルアップさせるために、これまで以上にL&Dに注力しています。社員や新入社員は、学習や開発の機会を求めています。さらに、L&Dがテクノロジーを使って高品質な能力開発を生み出し、促進する新しい方法もあります。私たちは、トレーニング業界がステージ上の賢者のスタイルである「先生」として講義することから、より民主的で学習者中心のスタイルへと進化していくのを見てきました。しかし、L&Dは現代のデジタル時代に対応できていないことに気づきました。

　何が私たちを妨げているのでしょうか？　コストや時間の問題でしょうか？それとも、L&D、HR、IT、その他の社内サイロ間の縄張り争いでしょうか？

　それはもっと根本的なことだと考えています。私たちは、L&Dの仕事は変化しており、現在のこの瞬間を活用するためには、L&Dの戦略をシフトしなければならないと考えています。この本に書かれている戦略は、L&D業界がビジネスの成功に貢献する重要な存在として、また従業員にとってのヒーローとして登場するきっかけになると確信しています。また、これを実現するのは、L&Dの最先端に身を置くパートナーである皆様であると信じています。

L&Dの新しい仕事

　2015年、私たちは現代の学習者のニーズにどう応えるかという課題に直面し、学習研究を掘り下げて、今日のL&Dの共通課題を明らかにしました。それらはすべて、私たちが何を目標とし、どのようにしてそこに到達するのかを

根本的に変える必要があることを示していました。私たちの最大の洞察は、インストラクショナルデザイン業界が、能力のギャップを埋めるL&D製品をデザインすることだけに集中していることに気づいたことでした。それは、教室でのトレーニングプログラム、eラーニングコース、学習プログラム、マニュアルなどの形をとるかもしれませんが、やはり1つの要素に過ぎません。もちろん、L&Dはしばしばジョブエイドや追加コンテンツへのリンクを付け加えますが、そのような追加の背景には十分な戦略的思考がありません。ADDIE、SAM、アジャイル、さらにはデザイン思考など、従来のインストラクショナルデザインモデルは、本質的にL&Dの仕事が1つの主要な成果物を作成することであると想定しています。

　他にも予想していなかったことを学びました。例えば、L&D業界では、時代遅れのモデルやツールを使って今日のニーズに応えようとしています。確かに素晴らしいツールではありますが、30年も40年も前のものなのです。CD-ROMトレーニング、ウェブベースのバーチャル・トレーニング、ブレンデッド・ラーニングなど、L&Dが最近採用した変化も、私たちの周りで起きているテクノロジーによる変化に比べれば、ほんの少しの変化に過ぎません。家庭では息を吸うように反射的にテクノロジーにアクセスしますが、職場での学習ははるかに手の届かないものです。私たちは今、破壊的イノベーションの革命の真っ只中に生きており、L&Dはその動きに不可欠な要素である必要があります。

　徐々に、新しい答えが見えてきました。**現代の学習者は、いつ、どこで、どのように学習したいかを選択できることを望んでいます。**したがって、L&Dの新しい目標は、スキルごとに1つのトレーニングを提供することに集中するのではなく、ラーニングクラスターを開発して提供することです。**ラーニングクラスターとは、学習者が能力を獲得するために必要な一連の学習資産の設計やグループ化をL&Dが戦略的に行い、一連の学習資産を開発すること、**すなわちこれは、デジタルの世界で生き、働き、学ぶために不可欠なL&Dをレベルアップするために必要なことです。またそれは、高品質でパーソナライズされた方法で、学習を人々の「指先に届ける」こともあります。私たちL&Dは、利用可能なテクノロジーを使用しなければなりませんが、それを意図的に、選択的に、体系的に行う必要があるのです。

　このアプローチでは、L&Dが作成する製品についての新しい言葉と話し方

が生まれます。私たちは、研修クラスの代わりにラーニングクラスターを提供します。ラーニングセッションではなくラーニングクラスターをデザインするのです。教室やオンライン・トレーニング・ポータルだけでなく、学習者のさまざまなタッチポイントで利用可能な学習製品を制作するのです。

　私たちはこのコンセプトを、数年間にわたってワークショップで共有しました。ラーニングクラスターは参加者に大変好評で、参加者は自分の職場でラーニングクラスターを開発した経験を気軽に話してくれました。いつものように、先生も生徒と同じように多くのことを学びます。

　このラーニングクラスターは、OK-LCDモデルへと発展しました。本書は、私たちがこの旅で得た知識の集大成であり、現代の学習者とそのビジネスに有効なL&Dの新しい戦略を提供するものです。私たちがこの本を書いたのは、私たちの仕事をより多くの人と共有したいと思ったからです。この本では、OK-LCDの戦略、モデル、ツールを使って、学習コンテンツを使ったデザインがどのように実現されるのかを紹介しています。

本書へのロードマップ

　L&Dの指針となるモデルや計画が必要です。私たちはその計画をOK-LCDモデルとして作成し、次から展開される9章でその反復プロセスを説明しています。

　第1章では、なぜL&Dが「革命に参加」する必要があるのか、なぜL&Dが「革命に参加」しなければならないのかを説明しています。この章では、研修担当者が普段なかなか考えることのできない、世界の変化とそれがL&Dにとって何を意味するのかを説明しています。

　第2章では、L&Dの戦略的ソリューションであるOK-LCDモデルの概要を紹介します。OK-LCDモデルは、新しい考え方であると同時に、新しいやり方でもあることを紹介します。また、L&Dのための新しい考え方を説明します。

　そして、第3章から第7章では、モデルを構成する5つのL&Dアクションのそれぞれについて、モデルとその仕組みを掘り下げていきます。これらの章では、ビジネスリーダー、L&Dプロフェッショナル、学習者の視点から、共通のL&Dストーリーを展開しています。このストーリーは、現在に共通する不満を明らかにするとともに、OK-LCDモデルを適用することでどのような

変化がもたらされるかを示しています。そして、アクションが何であるかを説明し、アクションごとに作成したツールを使ってどのように実行するかを詳しく説明しています。

　また、各章に掲載されている「実践編」も非常に誇りに思っています。これらは、実際に私たちのモデルを採用した人々のリアルなストーリーです。ゴリラ・グルー・カンパニー、VISA、ブルースケープなど、さまざまな企業を取り上げています。彼らが達成した結果が素晴らしいだけでなく、そこに至るまでの実際のプロセスを読むことで、多くのことを学ぶことができるでしょう。

　さらには、私たちが学んだことを集めて、最初から最後までのステップを架空の例にまとめましたが、これは第8章でご覧いただけます。この例では、各アクションがどのように連携してより大きなものを生み出すかを示し、L&DがOK-LCDモデルを導入する際にどのような対話が必要かを共有しています。

　最後の第9章は、OK-LCDモデルによるL&Dの未来についてです。通信会社のコムキャストが、OK-LCDモデルに直接合致した多くのことを行うことで達成した勝利について述べています。また、未来のL&Dの状態に到達するための障壁と、その障壁を乗り越える方法についても説明しています。最後に、「OK-LCDモデル」のための独自に用いたラーニングクラスターのデザインを紹介して本章を終えます。いつ、どこで、どのようにして学ぶのか、その指針となるものです。

　この本は、最初から最後まで順番に読んでいただいてもいいですし、自分の興味のある章を選んで読んでもらってもいい。最初の2章だけ読んで、あとはストーリーや事例をすべて読み飛ばしたいという人もいるでしょう。あるいは、付録の最後にあるツールから始めて、「実施したアクション」の部分を読み、その後、第8章のケーススタディを読みたいかもしれません。あるいは、第1章と第2章の理論編と第3章から第7章の「行動の説明」編だけを読みたいと思うかもしれません。それはあなた次第です。重要なのは、個々に説明されていることを皆さんが実践するということです。いつ、どこで、どのように学ぶかは、あなたの自由です。見出しやレイアウトは、自分の興味のあるものを簡単に見つけられるように設計されています。また、深く学びたい方は、コーヒーを飲みながら、どっぷりと浸かってください。

　しかし、最終章は終わりであって終わりではありません。学習は継続的に行われるものです。L&Dの最先端で生きるということは、一生続くことです。

そこで私たちは、モデルの５つのL&Dアクションのため今使われているツールを付録として提供しています。また、LearningClusterDesign.comに掲載されている継続的な活動を通じて、ラーニングクラスターを実現するためのサポートを提供しています。コミュニティに参加し、最新のテンプレートを入手し、モデルを使用するために専門家の助けを求め、学んだことを共有することをお勧めします。私たちのモデルが普及し、L&D業界の未来を形成していく中で、私たちが次の本を書くときには、読者からの新しいストーリーや新しい洞察でいっぱいにしたいと思っています。

　〝デジタル時代のラーニングデザイン〟へようこそ。*ADDIEとSAM*を超えて、この革新的な旅にご参加いただけることを嬉しく思います。

＊注）インストラクショナルデザインの基本的なプロセスモデルである２つの概念。
ADDIE：分析（Analyze）・設計（Design）・開発（Development）・実施、実装（Implement）・
　　　評価（Evaluate）
SAM：Successive Approximation Modelの略

1 ▶▶ 過去と現在を
マッピングして
未来につなげる

　現代の学習は、継続的で、即座に必要とされ、日常的な会話の一部であり、双方向性を持ち、クラウドソース業務の文脈に沿っており、不可欠なものとなっています。若者、高齢者、労働者、学校、家庭を含め、今日の人々に学習との関わりについて尋ねると、学習はもはや、学習のための「学習」ではないことがわかります。

　「学習」は、人生やキャリアの特定のステージで享受すべき贅沢ではありません。雇い主や環境がそれをサポートしているかどうかにかかわらず、人々はいつでも、どこでも、その時々の問題を解決し、学ぶ機会を持ちたいと願っています。デジタル技術の出現により、このような生涯学習の必要性や熱意が、指先のように身近に感じられるようになりました。人々は、問題解決のために聞いた最近のポッドキャストや新しいハウツービデオのことをよく話します。また、自分のコンテンツを追加することで、知識のプールに貢献します。デジタル技術の導入は、生涯学習の可能性、必要性、そして渇望を高めました。

　それに比べて、トレーニングはイベントベースで、義務的で、1回で終わり、トップダウンで管理され、仕事の文脈から外れ、時代遅れで、予定調和的です。

　研修・開発の専門家（L&Dプロフェッショナル）は学習の専門家ですが、私たちのシステム、歴史、プロセスでは、主に教室での学習やプログラムによる学習など、限られた学習手段の専門家でしかないことがすぐに明らかになりました。結果、トレーニング部門が作成した成果物はあまり使用されず、トレーニング部門のリソースは、従業員が学習する際の1番目、2番目、3番目の目的地にはなりません。Degreed社が2016年に発表した「従業員の学習方法の（人類学的）背景にある人類学」によると、従業員は毎週、あるいは毎日のように学習方法を見つけています。しかし、L&Dが提供するトレーニングを利用するのは、平均して四半期に1回程度です。

私たちの業界の典型的なアプローチを考えた時、その結果を従業員や企業がどのように受け止めるかを想像してみてください。

・社員には、会社が設定したスケジュールで学習してもらいます。
・私たちは、お客様やリーダー層からの注文を受けて、ビジネスリスクを軽減するために必要なテーマを最優先します。
・私たちは、より高いパフォーマンスやビジネスの将来のために何が必要なのか、自分の意見を言わないことがよくあります。
・プログラム以外の学習者サポートには力を入れていません。
・トレーニングを作成したり、コンテンツの提供を依頼するのは、私たちが専門家とみなした人だけです。

　その結果、どのような認識が生まれたでしょう。トレーニング部門は、デジタル時代の学習者や企業のニーズを満たすことができないと思われていることが多いという見方なのです。私たちには、働く現代人のニーズを満たすために最適な多様性のある学習資産をまとめる能力、理念、およびプロセスがないのです（図1-1）。

図1-1　対照的な2つのアプローチ伝統的なトレーニングと現代的な学習

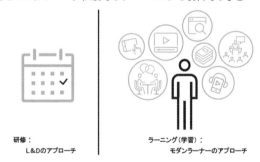

研修：
L&Dのアプローチ

ラーニング（学習）：
モダンラーナーのアプローチ

　世界は変わりました。これまでのインストラクショナルデザインモデルは過去に役立ってきましたが、学習の「今」と「ここ」に追いつくためには、新しいモデルが必要な時です。L&Dの専門家は、学習とビジネスの間で起きている変化を理解しなければ、新しい時代の複雑さと機会に組織を導くことができず、無力になってしまう危険性があります。

　本章では、学習者の現実における数々の大きな変化と、ビジネス組織に革命をもたらしている構造と収益性の変化について説明します。そして、この変化

する世界に対応するために、L&Dの専門性を進化させることを考えます。

　まずは今日、私たちの業界においては企業や組織で、さまざまな形で繰り返されている共通のストーリーを探ることから始めましょう。この本の中では、「ストーリー」に登場する組織を何度も訪れます。これらのストーリーは、学習をデザインするための一般的なアプローチを使用する際にL&Dが直面する問題を反映しています。後半の章では、私たちの新しいモデルによって現実がどのように変化するかを示す、対照的なストーリーが出てきます。

L&Dのよくある話

[登場人物]

CEO	CMO	CHRO
Doug（ダグ）	Raj（ラジュ）	Chris（クリス）

場面：ダグとラジュはいつものようにミーティングをしている。

　「ラジュ、この新しい布陣で成功するためには、君が提案するアップグレードに取り組まなければならないということには同意するけれど、どうやってこの変化に対応できる従業員スキルを迅速に身につけさせることができるんだろうか？　最近の私の最大の悩みの１つは、従業員となる人材を見つけ、採用・維持し、さらに的確に業務を行ってもらうための十分なトレーニングを提供するという一連のタレントマネジメントなんだよ」とCEOのダグがCMOのラジュに言っている。

　「ダグ、あなたの言うことはよくわかりますよ」ラジュは言った。「人材の採用はかつてないほど難しいし、経験豊富な人材でも的確な仕事をするためには追加のトレーニングが必要なんです。新入社員研修を終えるだけで、３日もかかってしまいます。そして、基本的な仕事のやり方を教えた後も、最新の製品やビジネスシステムに対応するためには、さらにトレーニングが必要なのです」。

人材育成は、CEOにとってもとても身近な課題となっていた。

　「ところで、このトレーニングで何が得られるんだい？」と、ダグが疑問を呈した。「社員はこのトレーニングを気に入っているとクリスは言っているし、それを証明する数字もある。でも、私はこのトレーニングが何かを変えているとは思えないんだよ。私は、社員がそのトレーニングを好きかどうかよりも、仕事ができるようになって欲しいんだよ。ちょうど昨年度の離職者インタビューを読んだばかりなんだけれど、『プロモーション（昇進・昇格）がなかった』の次に多かった不満は、『トレーニングや開発（育成）の機会を増やしてほしい』というもので、6割以上の人がそう答えていたということだ。トレーニング部門のスタッフを1割増員し、新しいトレーニングソフトウェアを導入したにもかかわらず、従業員は十分なトレーニングや開発がなされていないと言い続けている」。

　「そもそも、従業員は本当にトレーニングコースを受けていないんじゃないか？」とラジュは声を大にして言った。「少なくとも私の周辺の声を聞く限り、従業員たちは皆、忙しすぎてトレーニングを受けられないし、2日も業務を休んで受講できる人がいるとすれば、そりゃあ相当なもんだよ、と言ってる。コースの合間にいろいろ業務をこなすことができるから、ウェビナーでのトレーニングのほうが好きだと言ってる人も何人かいるよ」。ダグは苦笑いを浮かべた。「なるほど、それはとても勉強になっていそうだ。で、トレーニングへの投資に見合うだけのトレーニングの効果はあるんだろうか？　ハーバード・ビジネス・レビューの『教師としてのリーダー』の論文にピア・ツー・ピアの学習の成功について書いてあったけど、もしかしたら、それが答えなのかもしれないな。コンプライアンスと従業員のオンボーディング以外のすべてのことから仲介者的な役割のL&Dの関与をなくしたらどうだろうね」。

　ラジュはダグの言葉に同意してうなずいた。「バーチャルリアリティを使ったトレーニングや、従業員が必要としていることを教えてくれるアルゴリズムの話も聞いたことがあるし、もっと現代的な学習組織に投資すべきかもしれないですね」と提案した。「あるいは、その仕事をIT部門の誰かに任せるべきかもしれない。少なくとも、彼らは自分の支出を何らかの

ROIに結びつけることができるし」。

［課題］

- L&Dはビジネスと無関係になりつつあるのか？　どうすればそれを変えることができるのか？
- L&Dを廃止して、ピア・ツー・ピア学習やリーダーを指導者にするなど、別の学習モデルに移行すべきなのか？
- 会社の目標を達成するために、いかに早く社員をスキルアップさせることができるのか？
- L&D組織は、さらに多くの研修提供を要求された場合、どのように対処すればよいのか？

学習の変化

　私たちは、インターネットやコンピュータ、モバイル機器の話題になると、「劇的に変わった」と口にします。しかし、具体的に何が変わったのでしょうか。そしてその変化は学習にどのような影響を与えるのでしょう。デジタル技術が登場する以前の学習は、教科書やジョブエイドなどの文字情報や、テレビが登場してからは一方通行のビデオ映像で行われていました。これらの形式の教材を作成するには時間がかかり、誰もがそのような能力や環境を持っているわけではありませんでした。従来のインストラクショナルデザインモデルは、このような歴史的な背景とその限界に合わせて作られていました。トレーニング部門の顧客である学習者と企業は、当時の限界に合わせて期待を寄せていたのです。

　デジタルテクノロジーは、トレーニングの提供と利用のあり方を大きく変えました。L&D担当者からは、その変化を感じているということをよく聞きますが、何が起こっていて、どう対応すべきかを明確にすることには苦労しています。しかし、何が変化したのかを明らかにすることは、戦略的な対応策を策定するための最初のステップです。この章では、私たちが特定した４つのシフト・変化について説明します。次の章では、私たちが策定した戦略的対応策を、OK-LCDモデルを用いて概観していきます。

　主要な４つのシフトとは以下のものです。

・学習の行われる時と場所（いつ、どこで学習が行われているか）
・トレーニングの作成者、提供者（誰がラーニングを作り、提供するのか）
・情報の探し方
・情報の信頼性を確保する方法

いつ、どこで学習が行われているか

　それほど遠くない昔、私たちが学ぶ方法は主に以下の３つでした。「時間場所にかかわらず『物理的な』本を読む」「専門家の指導を受ける」「対面式の授業を受ける」。このように、学習の選択肢は非常に限られていました。しかし現在では、デジタル技術により、いつでもどこでも学ぶことができます。

　ますます洗練されたツールを使うことによって、教室での体験をより完全に再現することも可能になってきました。特に、バーチャルリアリティ（VR：仮想現実）やオーグメンテッドリアリティ（AR：拡張現実）などの分野では、テクニカルスキルとソフトスキルの両方を対象とした没入型の学習体験が設計され、実際にその体験を可能にしています。（バーチャルリアリティについては第６章、未来技術の例については第９章をご覧ください）。

誰が「ラーニング」を作り、提供するのか

　かつて、知識を共有することには高い壁がありました。コンテンツを作成したり、コースを教えたりするには、専門家を探して承認を得なければなりませんでした。また、コンテンツを作成するためのツールは高価で、出版社などの特殊な企業かメディア作成ができる社内の部門でしか利用できませんでした。今日ではデジタル技術により、誰もがどこにでもあるスマートフォンを使ってコンテンツを作成することができ、組織が選定した専門家だけでなく、専門家と思われる誰とでも会話することができます。クラウドソーシングでコンテンツを作成することも可能です。

情報の探し方

　また、従業員にとって、自分に必要な情報を得るためにどこを探せばよいのかわからない時代がありました。新しいことを学ぶためには、トレーニング部門に問い合わせたり、コースカタログを見たり、専門家団体が提供するカンファレンスに参加したり、図書館でカードカタログから必要文献を検索し、そこ

にあるものに頼ったりしていました。知識のプールは限られていたので、教材の需要は当然高かったのです。今日では、強力な検索エンジン、コンテンツとコンテンツプロバイダーのグローバルなネットワーク、そして人工知能（AI）の進歩により、従業員は多くの選択肢を持ち、それらは瞬時にソートされ、フィルタリングされています。（AIについては、第5章を参照）

情報の信頼性を確保する方法

　コンテンツを作ることへの垣根が低くなると、誤った情報が流れる可能性も高くなります。今日、私たちの多くは、何が良くて何が悪いのかを教えてくれる「群衆」に依存しています。メディアの作り手が専門家を紹介してくれるのではなく、私たちはお互いにデータをフィルタリングし、レビューすることに頼っています。これは、最初は危険なことのように思えるかもしれませんが、より多くのさまざまな声があることで、私たちの社会システムはより多様な考え方や偏った視点を反映するようになります。

　これらの4つの変化は、学習機会に対する新たな期待を生み出します。いつ、どこで、どのようにして情報を得るのかに対する変化は、人々に継続的かつ状況に応じた学習ができることを期待させます。情報の信頼性を確保する方法の変化は、学習の双方向性とクラウドソース化されることへの期待を後押しします。かつて、学習は時間、空間、リソースによって制限されていましたが、今日では指先だけで学習できることが期待されています。

ビジネスの移り変わり

　デジタルテクノロジーが期待を変えるのは、L&Dだけではありません。デジタルテクノロジーは、組織構造や収益性の変革も促しています。工業化時代に根付いたシステムが、デジタル時代に可能になった新しい破壊的なビジネスモデルによって揺さぶられています。企業は存続するために、以下4つの主要環境変化に適応することが求められ、それが、人材に対する新たな要求を生み出しています。

・指数関数的変化
・仕事が行われる時間、場所の変化（いつ、どこで、仕事をするのか）

・人材属性の変化
・仕事の種類の変化（仕事のタイプ）

指数関数的変化

　ムーアの法則とは、ゴードン・ムーアが提唱したもので、2年ごとにチップ上のトランジスタの数が2倍になり、コストは半分になるというものです。この傾向が今後も続くかどうかは議論の余地がありますが、新しいテクノロジーが私たちの生活を破壊し、変化させ続けることは間違いありません。ビジネスリーダーは、将来の変化を見据えながら、最新の変化に組織を適応させるという厳しい課題を抱えています。「いつものように」は、もはや適切な戦略ではありません。

いつ、どこで、仕事をするのか

　いつでもどこでも学習できるようになったのと同様に、仕事もこれまで以上にあちこちでできるようになりました。もはや組立ラインに限らず、仕事や利益はより認知的で関係性的な仕事に結びついています。International Workplace Groupの2019年の調査によると、従業員の70%が週に1日以上、オフィス以外の場所で働いており、半数以上が週の半分以上をリモートで働いています*。また、企業からは、柔軟な働き方をすることで、ビジネスの成長、競争力、プロダクティビティ、そして優秀な人材を惹きつけて維持する能力が高まるとの報告があります。*Quarterly Journal of Economics*に掲載された2年間の研究では、自宅で仕事をしている人の仕事の生産性が見事に向上したことが検証されています（Bloom et al.2015）。これは、給与、パフォーマンスマネジメント、雇用と解雇、そしてもちろん人々の学習方法を含む人事政策に影響を与えます。仕事はこれまで以上にグローバル化し、モバイル化しています。

*翻訳者注：この傾向は、COVID-19のパンデミックによってより大きな傾向となりました。

人材属性の変化

　職場では人材属性の大きな変化が起きています。経験豊富な人材が高齢化し退職することによって、組織のナレッジや能力を失う、あるいは現役を続けていても時代に即した新しいスキルが必要とされるようになります。2025年に

は、ジェネレーションZ（Z世代：1995年から2015年までに生まれた世代）が労働力の大部分を占めるようになると予想されており、新しい人材が登場します。このような人材プールでは、デジタルテクノロジーに関する経験が大きく異なるため、リーダーやマネージャーは、価値観、エチケット、モチベーション、思考プロセスについて、今までの従業員と同じ理解をすることを期待できません。このような違いの中で、組織は、すべての世代にわたって効果的に知識を伝達する方法を考えなければなりません。

仕事のタイプ

デロイトの調査によると、企業利益の源泉は、有形の財や設備に関係する活動から、無形のサービス、認知、洞察に関係する活動へと変化していると指摘しています（Benko, Gorman, and Steinberg 2014）。仕事のタイプが変われば、従業員のタイプも、彼らを配置する組織構造も、提供するツールやトレーニングも変わります。組織は恒常的に、複雑なスキルセットを備えた望ましい従業員を求めて競争しています。

今や、情報経済も人間経済（ヒューマン・エコノミー）に移行しつつあります。今日、人々が行っている定型的で高度な分析作業が、ロボットやAIによってより良く、より正確に行われるようになり、人材はテクノロジーの世界でこれまでとは異なる貢献をするために、仕事の種類を変えつつあります。Dov Seidman（2014）は、それを以下のように表現しています。

> ヒューマン・エコノミーでは、最も価値のある労働者はハートで雇われます。知識経済の時代に不可欠だったノウハウや分析スキルは、もはや知的な機械に対して優位性を持つことはありません。しかし、創造性、情熱、性格、協調性などはソフトウェアにプログラムすることができず、また今後もできないと思われます。人間の本質的な特性、つまり人間性を持って仕事に臨むことが、これからの労働者には求められるでしょう。これらの強みを活用できるかどうかが、他の組織に対する優位性の源となるでしょう。

工業化時代に人材に求められたアウトプットは、効率性、再現性、タスクに集中していました。デジタル時代へのシフトの結果、組織は新しい能力を持っ

た人材を必要とするようになりました。

・イノベーションのペースに合わせてリスキルやアップグレードを行うことができる。
・バーチャルでも、人の属性や地域といった壁を越えても通用するソフトスキルを発揮する。
・より複雑で曖昧なタスクを扱う。

これらのビジネスにおける変化は、当然のことながら、L&Dプロフェッショナルにも影響を与えます。

図1-2　L&Dはどのように進化していくのか？

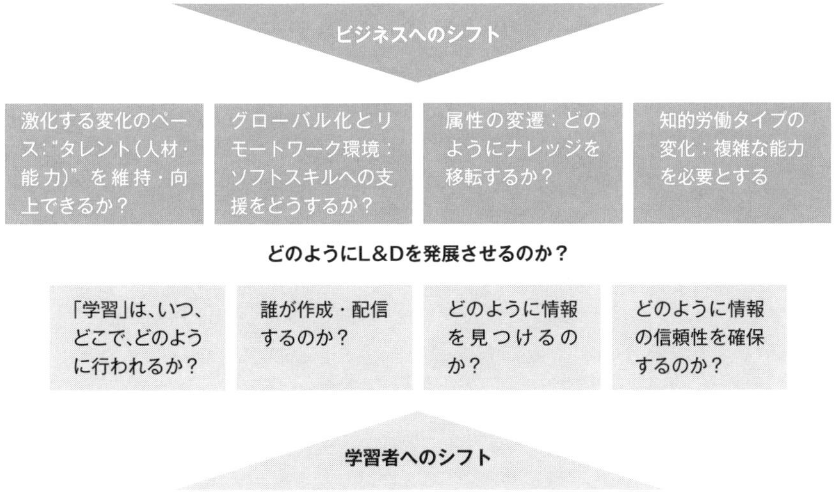

ビジネスへのシフト

激化する変化のペース："タレント（人材・能力）"を維持・向上できるか？	グローバル化とリモートワーク環境：ソフトスキルへの支援をどうするか？	属性の変遷：どのようにナレッジを移転するか？	知的労働タイプの変化：複雑な能力を必要とする

どのようにL&Dを発展させるのか？

「学習」は、いつ、どこで、どのように行われるか？	誰が作成・配信するのか？	どのように情報を見つけるのか？	どのように情報の信頼性を確保するのか？

学習者へのシフト

　かつて企業では、新人が職場でのパフォーマンスと生産性を確保するまでの時間を向上するためのオンボーディング研修、ビジネスリスク回避のためのコンプライアンス研修、事業運営に不可欠な技術・業務関連の研修などを作っていましたが、今日のビジネスには新たな学習ニーズが生まれています。しかし、これらの新しいニーズは、これまでトレーニング部門が行ってこなかったことであるため、L&Dがそれらを行うことができるのか、または上手くできるのか、多くの企業において認識できていません。私たちは学習の専門家であり、この

新しい世界でこれらのギャップを埋めるためにステップアップしなければなりませんし、することができます。企業や学習者としての従業員が適応しなければならない状況において、私たちがこの変化に適応するのを妨げるものは何でしょうか？

試行錯誤：L＆Dの進化の試み

　私たちの業界は、ビジネスニーズに耳を傾け、適応してきた歴史があります。工業化時代のビジネスと同様に、そのビジネスとともにあったトレーニングは非常に構造化された分野であり、効率化のために設計されてきました。これは、私たちの文化であり、歴史的なルーツにまでさかのぼります。トレーニング業界は、第二次世界大戦中から戦後にかけて、技術革新が進む中で、産業界と米国戦争人員委員会との協力関係のもとに生まれました。その目的は、大量の労働者を効率的にスキルアップさせることで、軍需品をできるだけ早く生産することでした。その後、それまでの不定形で信頼性の低いプロセスに一貫した構造性を持たせるために、インストラクショナルデザインモデルが確立されました。

　元来、学習は教室か職場で行われていました。それ以来、学習の文脈は変化したものの、インストラクショナルデザインモデルは、トレーニングをプロデュースするよりもコンテンツの変化の方が早いこの新しい世界で、厳密で質の高い体験を生み出すのに苦労してきました。人材育成の進化を示したインフォグラフィック（図1-3）を見てみましょう。

図1-3　タレントデベロップメントの進化

このインフォグラフィックは、私たちの業界が時代のニーズに合わせて何度も進化してきたことを示しています。また、変化がこれまで以上に早く押し寄せていることもわかります。150年、あるいは48年ごとではなく、現在では平均して５年ごとに劇的な変化が起きています。多くの人が、自分たちは10年も20年も時代に遅れていると評価し、追いつくことができるのだろうかと不安になるのも無理はありません。

　私たちは、企業との共同作業の中で、デジタル時代の変化に対応するために、トレーニング担当者がとる３つの戦略を観察してきました（図1-4）。

図1-4　デジタル時代に対応した３つの一般的なL&D戦略

戦略１：リアクション型

　リアクション型（反応的）とは、戦略をまったく持たないことだと言えますが、実際、トレーニング部門の中にはこのような側面があります。変化に圧倒され、魅力的なホワイトペーパーやカンファレンス、先進企業との比較などに導かれて、最新のテクノロジーに投資してしまう……。このような投資は、ビジネスケースとしては売られていますが、導入の観点からは考えられていないことが多いのです。その結果、従業員の利用がなかなか進みません。その場のノリで導入してしまうと、トレーニング部門は不安に駆られ、うまくいかなくなってしまうでしょう。

戦略２：リジッド

　このような変化に直面して、トレーニング部門が孤立してしまうことがあります。彼らのモットーは、〝自分たちのコアな専門性に戻ろう〟ということです。既存のスキルに磨きをかけることが、組織に付加価値を与え続けることに

なると考えます。このようなトレーニング部門は、企業が人材開発のニーズを満たすために他のリソースを探している間、注文を受ける側として扱われ続けます。彼らの成果物は、教室でのインストラクション、マニュアル、ジョブエイド、そして不承不承ながらのeラーニングという形でしか提供されません。

戦略3：プロアクティブ、しかし定型的

最後の戦略は、最も期待できるものですが、まだ不十分です。この戦略では、トレーニング部門は最新のソートリーダーシップに基づいた新しい規定モデルを使用します。残念ながら、これらの新しいモデルのほとんどは、デザイナーに何を作ればよいかを教えることに重点が置かれており、多くの場合、定型的なアプローチをとっています。eラーニングのデザイン、バイトサイズの学習、ブレンデッド・ラーニング、学習の全体的な組み合わせなどの事前説明は、目先のニーズには応えられるかもしれませんが、将来の変化に対して組織を脆弱にしてしまいます。

次の100年のためのL&D戦略

ここまで説明してきた3つの戦略については、皆さんもよくご存知だと思いますし、ご自身のL&D組織をその尺度に当てはめることもできるでしょう。大きく異なる時代への不安に苛まれる研修業界や、即効性を求めるあまり、戦略的に進化するためのアプローチに苦慮しているのが現状です。このような変化を踏まえて、トレーニング部門が効果的に進化するための戦略はあるのでしょうか？　次の100年に向けて学習をデザインするための長期的な基盤となるアプローチはあるのでしょうか？

私たちは、第4のアプローチとして、プロアクティブで、プロセスに基づいた、長期的な理念があると考えています。私たちは、OK-LCDモデルがその答えであると信じています。OK-LCDモデルは、理念であると同時にプロセスでもあります。この理念では、L&Dがデジタル時代に向けて「何」を作るべきかを指示するのではなく、デジタル時代に向けて「どのように」「なぜ」という思考プロセスを中心に能力を高めることに焦点を当てています。OK-LCDは、ビジネスのスピードに合わせたメンタリティと共に、その思考性を厳格に奨励します。私たちはまず、工業化時代に作られた制限的な前提を取り除き、今日のトレーニングで何ができるかという現実に取り組むことから始めます。

ビフォー・アフター：現代のL＆D組織

　私たちの組織は必死に助けを求めています。*2017年のDeloitte Global Human Capital Trends*レポートでは、70％のCEOが「今日の環境に適応するためのスキルを組織が持っていない」と回答し、ミレニアル世代の42％が「スピーディーに十分な学習ができないことを理由に組織を離れる可能性がある」と回答していることが共有されています。しかし、CEOはスキルギャップを検証し、学習方法を考案する専門家ではありません。彼らは、この厳しい現実の中で何をすべきかを教えてくれる誰か、つまり専門家を待っているのです。悔しいことに、*2017年のLinkedIn Workplace Learning Report*では、自分が仕事をしているL＆D組織を同僚にも勧めたいと思っているL＆D専門家は４分の１にも満ちていませんでした。L＆Dがオーダーテイカー的役割を担う一方で、誰か他の人が自分たちよりも優れた学習の専門家でありうると思っているということでしょうか。しかし、なぜ、財務やマーケティング、エンジニアリング、オペレーションのリーダーの方が、自分たちよりもこの役割をうまくこなせると思ってしまうのでしょうか？

　L＆Dが仕事への取り組み方を変えた時、未来のL＆Dには何が可能でしょうか？　想像してみてください。未来のL＆Dは、リーダー層や他の人材開発部門と協力して、最もビジネスに不可欠な能力ニーズを明らかにすることが、業界全体の標準となっているのではないでしょうか。未来のL＆Dは、戦略的な話し合いの中で、何に対して従業員の学習モチベーションがあったのか、どこに進捗の遅れがあるのかなど非常に価値のあるデータをもって、それを明確に表現することができます。未来のL＆Dは、トレーニングによってビジネスリスクを軽減するためのリソースとしてだけではなく、ビジネスニーズを満たし、学習文化を創造するための手段であり、リーダーであると考えらます。

　従業員の視点から見ると、この未来のL＆Dは、最新のテクノロジーに精通しているだけでなく、より重要なのは、歴史的なL＆Dの専門知識を使って学習体験を構成できることです。従業員は、自分の能力を高めるための意味のある方法を簡単に見つけらるようにL＆Dが配慮していることを知っているでしょう。このような未来のL＆Dは、従業員が仕事を遂行する能力をシームレスにサポートします。何かが必要なとき、L＆Dが提供する手段を使って必要なことを探すことができます。

ファイナルノート

―――

> "学習とは経験である。他のすべては単なる情報である"
> ―アルバート・アインシュタイン

　トレーニング業界も時代とともに進化してきましたが、学習者や企業と同じように、変化のスピードは増しています。デジタル時代のL&Dの未来は、質の高いルーティンワークを強化することよりも、人間の潜在能力を引き出すことにあります。これまで、大多数のL&Dには、進化を促す戦略を支えることが十分にはできていませんでした。しかし、ビジネスと学習の主要なシフトを特定することで、L&Dは組織にとって中心的で重要な機能となる可能性があります。もし私たちが進化することを選択し、変化に対する自分自身の抵抗を乗り越えたとき、L&Dには、より高いレベルのサービスと能力が求められるでしょう。あなたはその呼びかけに応えたいですか？　その方法を知るために、次の章では、OK-LCDモデルを紹介します。

振り返り

◆ラーニングのシフトをどう見てきましたか？　ビジネスにおける変化ですか？　これらのシフトは、あなたのトレーニング組織にどのような影響を与えましたか？

◆図1-4を見て、あなたの組織はトレーニング業界の戦略上、どの位置にあると思いますか？　その理由は？

◆今後、L&Dが組織にどのように貢献することを望んでいますか？　一番大きな夢を考えた場合、L&Dの役割としてどのようなものを思い描いていますか？

2 ▷▷ 変化する世界に向けた 新しいモデルの採用

　なぜL&Dには新しいモデルが必要なのでしょうか？　現在のインストラクショナルデザイン（ID）モデルが広く使われるようになってから、すでに学習に対する期待と現実は劇的に変化しました。これらのモデルは、今日の複雑な状況に対処することを意図していなかったのです。

　OK-LCDモデルは、これらのシフト、変化、および複雑さに対応しています。OK-LCDモデルを解説している本章を読みながら、これらの質問への答えについて自分の意見をまとめてみてください。

- ・OK-LCDの原則は、自分にとって、またL&D業界にとってどのような違いをもたらすでしょうか？
- ・OK-LCDモデルでは、L&Dに新しいアクションの採用を求めています。そのためには何が必要でしょうか？
- ・OK-LCDモデルは、L&Dの次の進化をどのようにサポートするのでしょうか？

Owens-Kadakia Learning Cluster Design（OK-LCD）モデルとは

　私たちは、"現代の学習のためにどのようなデザインをすべきか？"　という問いかけに応えて、このモデルを開発しました。このモデルは、教育システム開発、神経科学、認知・発達心理学、組織開発などの分野に基づいて、過去5年間に渡って開発・反復されてきました。本書では、OK-LCDモデルの初期の実践者たちのストーリーが紹介されています。

　この章では、モデルを紹介し、モデルの背後にある4つの原則、モデルを構成する5つのアクション、OK-LCDの定義の特徴について説明します。また、

このモデルが他のモデルとどのように調和しているのか、そして私たちのアプローチの基礎となる学習理論についても説明します。

OK-LCDモデル

OK-LCDモデルは、L&D担当者が現代的な学習を設計する際に取るべき5つのアクションで構成されています（図2-1）。このモデルは、現在のL&Dの課題の多くに対する総体的な回答として、以下のように開発されました。

- ・過去への疑問、特にデジタル化以前の時代に確立されたL&D業務の目標やプロセスに関する仮説への疑問
- ・学習者や企業が経験している現在のシフトへの考慮
- ・最新の脳科学と学習理論のレビュー
- ・自分やOK-LCDワークショップの参加者の経験の振り返り

図2-1　OK-LCDモデル

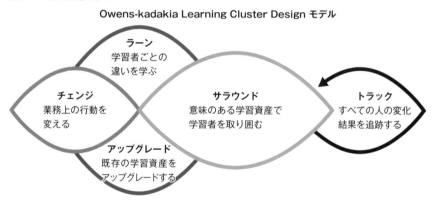

Owens-kadakia Learning Cluster Design モデル

ラーン
学習者ごとの
違いを学ぶ

チェンジ
業務上の行動を
変える

サラウンド
意味のある学習資産で
学習者を取り囲む

トラック
すべての人の変化
結果を追跡する

アップグレード
既存の学習資産を
アップグレードする

このモデルは、理念―考え方―とプロセス―段階的な行動プロセス―を統合している点でユニークです。OK-LCDモデルの本質は、今日のデジタル時代における、仕事上のパフォーマンスを向上するのに必要とされる特定の能力を身につけられるために一連の学習資産を選択、設計し、アクセスを容易にするための、意図的なコンテクスト（状況）を中心にしたアプローチです。

これは、あなたの仕事とL&Dにおけるあなたの目標の両方にとっての変化です。学習者はより多くの学習ツールを利用できるようになり、企業はこれま

で以上に複雑な能力を人材に求めるようになりました。L&Dは、その焦点を移す必要があります。能力ギャップごとに1つのトレーニングプログラムを設計するのではなく、複数の学習資産を設計し、学習者にとって必要な学習資産を提供することにシフトする必要があります。これこそが、現代の学習をデザインするということであり、OK-LCDのアプローチの核心なのです。

まず、新しい用語やモデルの原理を知っておきましょう。

新しい用語

以下の用語は、OK-LCDモデルの研究の一環として開発されたもので、本書でも使用されています。

- **モダンラーナー**：刻々と変化する環境の中で迅速に学習する必要があり、答えを得るためにさまざまなリソースにアクセスする人。
- **ラーニングクラスター**：複数のコンテクストで特定のパフォーマンスギャップに対処することを目的とした一連の学習資産で、私たちはこれをラーニングタッチポイントと呼んでいます。
- **ラーニング・アセット（学習資産）**：人々の学習を助ける幅広いもの全般をあらわす用語。読み物、オンライン検索、クラス（対面式またはオンライン）、ディスカッション、ビデオ、さらにはモチベーションを喚起するポスターなど、さまざまなものがあります。また、30秒の音声記録のような小さなものから、3ヶ月のクラスのような大きなものまであります。従来のトレーニングでは、学習資産は、クラス、eラーニングコース、またはブレンデッド・ラーニング・プログラムの形で提供されることがほとんどでした。
- **ラーニング・タッチポイント**：現代の学習者が、仕事で成功するために必要な学習を必要な方法で得るための接点のこと。これらは、ソーシャル、フォーマル、即時的な特徴を持っていると言えます。
- **OK-LCDアクション**：現代の学習設計のためのOK-LCDモデルへの関与の一部としてのL&Dアクションと責任を説明します。

言葉によって私たちは、変化を促すことも、過去にとどまることもできます。OK-LCDモデルとその原則を現す用語を使うことによって、「現代」への変化を促してみませんか。

OK-LCDモデルの原理

　OK-LCDモデルは、何よりもまず、組織におけるL&Dの目標と役割について、新しい考え方、新しい理解を求めています（図2-2）。私たちが作成した5つのアクションには、これら4つの原則からなる理念が反映されています。

1.「1回やったらおしまい（one and done）」の先へ

　　L&Dの新しい役割は、従業員の能力を高めるために複数の学習資産を提供し、その利用を促進することです。もはや、企業や従業員の学習目標を達成するために、クラスやコースといった1つの学習資産をデザインするだけでは十分ではありません。

2. 部分ではなく、全体をデザインする。

　　複数の学習資産は、統合された全体（私たちは「ラーニングクラスター」という造語を使っています）としてデザインする必要があります。L&Dの立場と、また学習者の視点の両方の視点から捉えます。これらの複数の資産は、その場しのぎで作られたものでは効果を発揮しません。

3. 学習者のニーズを重視する

　　トレーニングを設計・提供する私たちの立場は、もはや学習者の立場ほど重要ではありません。これまでのL&Dでは、トレーニングを提供するためのツールが限られていましたが、今日では、学習者が必要とする時に、必要な場所で、必要な方法で学習を提供することができるようになりました。L&Dは、まず学習者とそのケイパビリティーギャップについての深い理解と検証をしなければなりません。

4. 現場での行動を変える

　　L&Dは、トレーニングクラスやコース、プログラムの終了時だけではなく、業務上のパフォーマンスを向上させる責任を負うべきです。パフォーマンスの向上とは、単にプログラム中に知識やスキルを習得することだけを意味するのではなく、仕事に適応することで行動に変化が生じることを意味します。

図2-2　OK-LCDモデルの理念＝L&Dの新しい仕事

ここに、過去の理念と現代の理念の違いがあります。トレーニングをデザインし、知識の習得を可能にするための学習プロジェクトに取り組むのであれば、それは伝統的なインストラクショナル・デベロップメントの原則と前提に基づいています。しかし、そうではなく、多種多様な学習資産へのアクセスを設計・促進し、職場での行動変容を促し、測定する学習プロジェクトのアプローチをとるならば、OK-LCDモデルに組み込まれた原則を実践していることになり、学習者と、職場での行動変容に必要なリソースとをシームレスに結びつけ、望ましいビジネス成果をもたらすことになるでしょう。

各アクションと関連ツールの使用をお勧めしますが、少なくとも、OK-LCDの理念と原則を採用することがきっかけとなり、デジタル時代のL&D業務として役立つことを願っています。

ＯＫ－ＬＣＤの５つのアクション

OK-LCDは単なる理念ではありません。このモデルは、L&Dが「新製品」をどのように作るかを示す一連のアクションです。スキルギャップを解消するための集合研修やコースをデザインすることに集中するのではなく、OK-LCDでは、ラーニングクラスターを作ります。このモデルではラーニングクラスターを作るために、L&D担当者に５つの行動を起こさせます。各行動（アクション）の名前は、覚えやすいようニーモニック（プログラムを実行させるため

の機械語（数字の羅列）を、プログラミングしやすくするための簡略記憶記号）になっています。"CLUSTER" です。ここでは、各アクションの概要を説明します。

・C：チェンジアクション／業務上の行動を変える

チェンジアクションでは、ラーニングクラスターの目標（戦略的パフォーマンス目標と呼ぶ）を設定します。この目標は、学習者の現場でのパフォーマンスと望ましいビジネス結果との関係を明確にするものです。これは「サラウンドアクション（取り囲む）」につながる３つの初期アクションのうちの１つです。

・L：ラーンアクション／学習者ごとの違いを学ぶ

ラーンアクションでは、対象となる学習者グループの中で、行動を変えることで望ましいビジネスインパクトに最大の効果をもたらす学習者のペルソナを特定します。ペルソナの定義は、属性や職種に留まらず、各ペルソナがいつ、どこで、どのように学習する必要があるのかというコンテクストを検討します。このアクションは、周辺アクションの戦略的選択の指針となります。

・U：アップグレードアクション／既存の学習資産をアップグレードする

アップグレードアクションでは、モダンラーニングの９要素を適用して、現行のプログラムを迅速に改善します。ここで特定した新しい学習資産に対する考えは、「サラウンドアクション」での作業を加速させます。

・S：サラウンドアクション／意味のある学習資産で学習者を取り囲む

サラウンドアクションでは、他のアクションでの作業と洞察を組み合わせて、３つのラーニング・タッチポイント（ソーシャル、フォーマル、即時）に合う学習資産を意図的に選択し、学習者のペルソナごとの学習ニーズを満たすラーニングクラスターを構築します。これらの学習資産を組み合わせることによって、業務における望ましい行動の変化と、それに関連するビジネス上の成果の両方の実現が期待できます。

・TER：トラックアクション／すべての人の変化結果を追跡する

トラックアクションでは、ラーニングクラスターの影響を示す質的・量的な指標を特定します。そして、これらの指標を追跡し、その結果と学習の影響をストーリーにします。この結果は、さらなる改善に役立てます。

業務における会話やOK-LCDのワークショップを行う際に使いやすいよう、これらのアクションについて、本書では略語を使用しています。「チェンジアクション」「ラーンアクション」などと言います。次の章では、各アクションの説明、アクションの実行に関連するツールとその使用方法、そして、そのアクションによってもたらされるインパクト/影響について説明します。

OK-LCDの特徴的な機能

"モデルが適用される文脈に理論や理念が適合すればするほど、モデル本来の意図が達成される可能性が高まる"
―Gustafson and Branch（2002）

OK-LCDモデルは、VUCA（変動性、不確実性、複雑性、曖昧性）の時代における仕事と学習という現在の状況により適合していると、私たちは信じています。つまり、学習の専門家として、このモデルを使った学習デザインによって、より大きな影響を与える可能性を秘めていると考えています。

どのモデルにもユニークな特徴がありますが、ここでは、OK-LCDモデルを適用する際に留意すべき点をいくつかご紹介します。

・**アクション**

　このモデルは、ステップやステージの単純なチェックリストではありません。むしろ、L&Dの未来にシフトするために目的を持った行動の必要を促しています。OK-LCDモデルでは、左から右へと論理的な順序で行動が示されていますが、どの行動から始めても構いません、なぜならすべての行動は互いに積み重ねられているからです。まずは気軽に始めてみて、そこから各アクションを確実にカバーしていくことをお勧めします。スタート地点は、あなたのニーズや状況に合わせてください。各アクションの目的を熟慮し、そのアクションが満たされたなら、次のアクションへと進んでいきます。

・**追加的な相乗効果**

　モデルの各アクションは、必ずしも1回限りのものではありません。各アクションの思考プロセスでは、他のアクションの目標や活動も継続的に

参照します。時には、それがプロジェクト中の他のアクションに影響を与えたり、変更を要したりすることもあります。それを "後戻りして何かを修正しなければならないこと" と考えてはいけません。 SAM (Successive Approximation Model) やアジャイルアプローチと同じように考えてみてください。反復するたびに、ラーニングクラスター全体が改善されていくのです。

・ラーニングクラスターを中心に据える

　学習者を有意義な学習資産で取り囲むサラウンドアクションは、このモデルの中心となるものです。このアクションでは、ラーニングクラスターを設計します。他のすべてのアクションもラーニングクラスターの設計に貢献しますが、ラーニングクラスターからのフィードバックも得ます。例えば、ラーンアクションでは、どのようなタイミングで各ペルソナが学習を必要とするか、その際に最も適した学習資産のタイプは何かをブレーンストーミングします。

・ツール

　各アクションには、アウトプットや成果物を作成する際の思考の指針となる関連ツールがあります。各アクションの章では、それぞれのツールの簡単な概要を説明しています。また、第8章では、ツールを使ってラーニングクラスターを設計する際の、スタートから終了までのケーススタディをご覧いただけます。さらに、付録として、これらのツールの詳細な使用方法が記載されたコピーを入手することができます。本ツールの最新版は、LearningClusterDesign.com/Book-Bonusで入手できます。

・コミュニティの継続

　さらなるサポートと学習のためには、LearningClusterDesign.comをご利用ください。このサイトでは、最新のツールをダウンロードすることができ、最新の研究や実践的なケーススタディを常に把握することができます。また、その他の学習資産を利用して、モデルの能力を継続的に高めることができます。このサイトでは、私たちの実践事例を紹介しています。どのような戦略や時間や場所の条件に対して、どのような方法が選択されたのか、モデルを使ったデザインのスキルアップのために役立つ情報を提供しています。

既存学習フレームワークとモデルの活用：OK-LCDモデルに含まれている学習モデルについて

　OK-LCDの考え方と実行に不可欠な３つのモデルについて、基本的な説明をしたいと思います。ボブ・モッシャーとコンラッド・ゴットフレッドソンの「学習を必要とする５つの瞬間」（2011年）、カークパトリックの「４段階評価レベル」、そしてニューロリーダーシップ・インスティテュートから生まれた「AGESモデル」です（Davachi et al.2010）。本書の残りの部分を読み進める際には、これらの学習理論を頭に入れておくと、各アクションの関連性や学習を促進する方法を理解するのに役立ちます。

学習を必要とする５つの瞬間

　2011年、モッシャーとゴットフレッドソンは「学習を必要とする５つの瞬間」という理論を発表しました。10年前のテクノロジーをもってしても、彼らはL&Dがフォーマルな学習だけを提供するのではなく、彼らが「インフォーマルな意図的学習」と呼ぶものに役割を果たすことに焦点を移す可能性を見出していました。彼らは、誰もが経験している変化のペースに対して、従来のトレーニングでは十分ではないことを指摘しています。必要に迫られた学習の多くは、従業員が研修クラスを出た後に、彼らが「インフォーマル（非公式）な自主学習」と呼ぶ機会を通じて行われていました。意図的な非公式学習を活用することで、企業とその従業員は、不正確になりがちな非公式の独立した学習のリスクを回避しながら、少なくとも能力のギャップを解消するまでの時間を短縮することができます。

　モッシャーとゴットフレッドソンは、意図的インフォーマル学習をデザインするために、従業員が学習を必要とする状況を明確にすることに焦点を当てました。彼らはこれらを「学習を必要とする瞬間」と呼び、次のように定義しています（図2-3）。

図2-3　モッシャーとゴットフレッドソンの「学習を必要とする5つの瞬間」

　「学習を必要とする5つの瞬間」は、学習者を中心に据えたデザインをする上で、学習者の状況を理解するために役立ちます。OK-LCDモデルを理解するにつれて、「学習を必要とする5つの瞬間」がいかに「学習アクション」を考えるのに役立つかがさらにわかってくると思います。そして、「学習を必要とする5つの瞬間」による従業員の学習の「いつ」に注意を向けることで、学習者がいつ、どこで、どのように学習したいのかに対応した意味のある学習資産を提供することができるようになります（前述したサラウンドアクション）。モッシャーとゴットフレッドソンの研究は、学習者の視点から学習の文脈を考えることに役立ちます。

カークパトリックの4つの評価レベル

　多くの人は学習プログラムが終了してから評価することを考えますが、L&Dの専門家は、学習プログラムを設計する際の最初に評価戦略に取り組むべきであることを知っています。それは、目標を明確にすることで、現場での望ましいパフォーマンスや組織の成果を最大限に引き出すことができるからです。カークパトリックは、"企業がトレーニングに投資するときは、結果を期待する"と言っています。トレーニング評価の4段階（図2-4）は、ドナルド・カークパトリックが1959年に発表した先駆的なモデルです。このモデルでは、「リアクション」「学習」「ビヘイビア（行動)」「結果」という4つの評価ステップがあります。デザインの過程では、評価目標に基づいて、デザインや測定方法、さらには目標自体をインタラクティブに調整していきます。

図2-4　カークパトリックのトレーニング評価の4つのレベル

| レベル4：結果 |
| レベル3：ビヘイビア（行動） |
| レベル2：学習 |
| レベル1：リアクション |

　カークパトリック・モデルは、非常にシンプルでありながら、学習資産の設計、展開、使用全体に適用することによって、驚くほどの効果を発揮します。4つのレベルとは以下のものです。

・レベル1：リアクション
　　参加者がトレーニングを好ましく感じ、魅力的で、自分の仕事に関連していると感じた度合い。
・レベル2：学習
　　研修への参加により、参加者が意図した知識、スキル、態度、自信、コミットメントを獲得する度合い。
・レベル3：ビヘイビア（行動）
　　受講者がトレーニングで学んだことを、仕事に戻ってからどの程度実践しているか。
・レベル4：結果
　　トレーニングとサポートおよびアカウンタビリティのパッケージによる結果として、目標とする成果がどの程度発生したか。

AGESモデル

　AGES理論は、OK-LCDモデルが神経科学の観点からどのように学習をサポートするかを示すのに役立ちます（図2-5）。ホワイトペーパー「*The Neuroscience of Making Learning Stick（学習を定着させる神経科学）*」の中で、著者は「私たちが『AGES』と呼ぶ4つの原則は、エンコーディング（データを一定の規則に基づいて符号化すること）時の脳内記憶システムの大きな原動力を要約したもの」だとしています。
　一般的に、OK-LCDモデルは以下のようにAGESの原則を取り入れています。

- 複数の学習資産を使用することで、注目度や間合いを高める機会が増える。
- ソーシャル、フォーマル、そして身近なコンテクスト（ラーニング・タッチポイント）で学習ができるようにすることで、生成と感動の機会を増やすことができる。
- クラウドソーシングと学習者の自己学習への貢献を奨励することで、生成を促進する。

図2-5　AGES学習理論

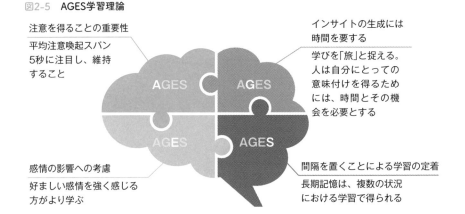

注意を得ることの重要性
平均注意喚起スパン
5秒に注目し、維持
すること

インサイトの生成には
時間を要する
学びを「旅」と捉える。
人は自分にとっての
意味付けを得るため
には、時間とその機
会を必要とする

感情の影響への考慮
好ましい感情を強く感じる
方がより学ぶ

間隔を置くことによる学習の定着
長期記憶は、複数の状況
における学習で得られる

OK-LCDは、他のIDモデルに取って代わるものか？

"単一のIDモデルは、ID担当者が働く多種多様な設計・開発環境にうまくマッチしない。したがって、IDの専門家は、特定の状況の要件を満たすためにさまざまなモデルを適用し、場合によっては適応させる能力を持つべきである"
—Gustafson and Branch（2002）

「OK-LCDモデルは、他のさまざまなIDモデルに取って代わるものですか？」という質問に対する答えは「ノー」です。

効果的な学習を最初から最後まで作成する方法について、L&Dをガイドする素晴らしいIDモデルがたくさんあります。ADDIEやSAMなどのモデル、あるいはアジャイル手法などを考えてみてください。しかし、現在のL&DのIDモデルは、すべて1つの学習資産の設計に焦点を当てていることがわかります。

これらのIDモデルは、通常、計画された学習を中心としています。インストラクショナルという言葉自体が、計画された学習を指すことがほとんどです。これらのモデルは、始まりと終わりがある学習の作成を支援するように設計されています（反復モデルも同様）。モデルによっては、カリキュラムや一連のクラス、コースの作成をガイドするものもありますが、これは１つの大きな学習資産を設計するのに適していると考えられています。

　しかし、現代の学習では日々の学びが大切なのです。そこで、OK-LCDの出番です。

　既存のIDモデルとは対照的に、OK-LCDモデルは、日々の継続的な学習に適合した状況に作用します。OK-LCDモデルは、第３章の「チェンジ・アクション」で説明するように、ラーニングクラスター内の学習資産全体の包括的な目的を提供します。OK-LCDモデルは、計画された学習だけでなく、計画されていない学習も含めることができます。このモデルでは、トップダウンで管理された学習環境への依存という考えから脱却し、必要な場面で必要な学習をすることができるという点がより強化されます。

基盤となる学習モデルと理論

　もしかしたら、読者の皆さんはすでにご存じかもしれません。ご存じであれば、OK-LCDモデルに影響を与えたものは何かを考えてみてください。このリストに馴染みがない方は、ぜひご自分で調べてみてください。

- アダルト・ラーニングの原則（Knowles 1968）
- AGES（Davachi et al. 2010）
- 学習改善のための評価（Bloom, Madaus, and Hastings 1981年）
- 学習を必要とする５つの瞬間（Mosher and Gottfredson 2012）
- 学習の条件（Gagné 1965）
- ゴール分析（Mager 1972）
- 個別指導理論（ケラー1960）
- インストラクショナルデザイン・プロセス（Kemp, Morrison, and Ross 1994）
- カークパトリックの４つの評価レベル（Kirkpatrick and Kirkpatrick 2016）

- 状況的認知理論（Brown, Collins, and Duguid 1989）
- 社会文化学習理論（Vygotsky 1915年）
- 交流距離理論（トランザクショナル・ディスタンス理論）（Moore 1997年）

とはいえ、従来のIDモデルも新しいモデルも、OK-LCDモデルと調和します（図2-6）。ここでは、これまで培ってきた専門知識を捨てずに活用し、他のオピニオンリーダーの最新の考え方を取り入れた例をいくつかご紹介します。

・ブルームの分類法

学習目標の専門知識は、戦略的なパフォーマンス目標や、標準的なターミナル目標、実現目標をうまく作成する上で大きな役割を果たします。

・デザイン思考

人間中心のフレームワークとしても知られるデザイン思考は、学習者に関するデータを収集し、「学びのアクション」を提供するための代替または追加の方法となります（第4章では、デザイン思考とOK-LCDモデルを組み合わせて驚くべき結果を出したVISA社の例を紹介しています）。

・ADDIE、SAM、アジャイル

これらのモデルは、主に1つの学習資産を設計するのに役立つため、OK-LCDモデルを適用した後に使用します。意図的にラーニングクラスターの学習資産を選択したら、今度はこれらの従来のモデルを適用して各学習資産を設計します。それによって、「OK-LCDアクション」で行った作業がそのまま他のモデルに反映されることがわかります。

・カークパトリックの「4段階評価」をはじめとするROI手法

これらのモデルは、学習の効果を測定するのに役立ち、「トラック（全員の成果の軌道修正）アクション」（第7章参照）をサポートするために使用することができます。しかし、望ましい結果を得るためには、これらのモデルを「チェンジ」と「サラウンド」のアクションの中で扱う必要があります。「チェンジアクション」では、これらのモデルを使用して、初期のビジネス目標と学習目標を測定可能な方法に定義します。周辺アクションで、使用される多種多様な学習資産の影響レベルを測定する方法で設計したことを確認します。

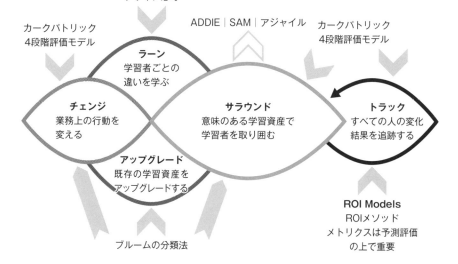

図2-6　OK-LCDと他のIDモデルとの調和

デザイン思考

カークパトリック
4段階評価モデル

ADDIE｜SAM｜アジャイル

カークパトリック
4段階評価モデル

ラーン
学習者ごとの
違いを学ぶ

チェンジ
業務上の行動を
変える

サラウンド
意味のある学習資産で
学習者を取り囲む

トラック
すべての人の変化
結果を追跡する

アップグレード
既存の学習資産を
アップグレードする

ブルームの分類法

ROI Models
ROIメソッド
メトリクスは予測評価
の上で重要

　青色の実線の矢印は、OK-LCD アクションのインプットとなるモデル、白色の矢印は、OK-LCDモデルが他のモデルのアウトプットとなることを示しています。

　世界がより複雑になっていく中で、私たちは、複雑さを無視するのではなく、複雑さと上手く付き合っていくアプローチをとっていかなければなりません。OK-LCDモデルと伝統的なアプローチを組み合わせることで、インパクトのある現代に即した学習という目標を達成できると信じています。

OK-LCDの違いは何ですか？

　第1章で紹介したL&Dの進化のインフォグラフィック（図1-3）を思い出してください。そのインフォグラフィックは、L&Dが長年にわたってビジネスの成功に貢献してきたことを示しています。そして、学習が毎日必要とされる世界では、ビジネスにおけるL&Dの役割はこれまで以上に重要となってきています。しかし、その重要な役割を果たすには、L&Dが持っているツールキットは時代遅れになっています。OK-LCDモデルは、現代の学習を提供するための新しいツールです（図2-7）。

ハイテク産業であろうと、ローテク産業であろうと、速いペースで変化する環境であれば、企業はL&Dの専門知識を必要とします。彼らは、以下のようなL&Dの専門知識を必要としています。

　　・従業員が、チームで、あるいは一人で学べるような環境設定
　　・従業員の職場における能力を高めるための学習チャンクの配列
　　・現在そして未来のための学習に対する従業員とリーダー両方の参加促進
　　・学習者ニーズと新しい学習技術のマッチング
　　・意味ある学習を可能にする最適なリソースと人の結びつけ
　　・戦略的にパフォーマンスを測定することによる必要とされる学習の持続

図2-7　トレーニング業界のOK-LCDモデルの変遷

FROM	TO
各能力ギャップごとに１つつつデザインされた学習資産	各能力ギャップに対して複数の学習資産を設計する
L&Dがコントロールできるように企画設計されたラーニング	計画的学習と非計画的な学習に対して設計する
御用聞き	ラーニング・リーダー
研修を提供する	業務上のパフォーマンスをもたらす
カリキュラムの設計スキル	学習経験のデザインスキル
コンテンツ作成権の所有	学習者をリソースに繋ぐ
イベントベース	コンテクストベース
自分がすることに焦点：研修を企画設計するほとんどの問題を研修課題と捉える	私達がやっていることの再定義：ビジネスと学習者のニーズに合致させる学習理論の適応

「実践編」にあるハイテク企業におけるOK-LCDの事例から、OK-LCD理念と学習方法の導入が与える大きな影響を理解することができます。

実践編

ソフトウェアサービスの会社であるブルースケープ社は、L&Dチームを2日間のワークショップに参加させ、OK-LCDモデルの理解と最優先事項の1つであるラーニングクラスター策定を実践しました。ブルースケープのL&Dリーダーであるロク・ニュエンは、「LCDアプローチをチームで共有する前は、私たちの多くはトレーニングをトランザクショナルな観点から見ていました。お客様がお金を払ってサービスを受け、私たちが伺って研修コンテンツを提供し、私たちが提供したテクノロジーを十分に使いこなしてくれることを期待して帰る、という考え方に慣れていました。また、効果的にポイントを伝える目的で、対面式のセッションに頼ってきましたが、これは明らかにスケーラブルではありません。何千人ものお客様を想定しているのであれば、当然ながら実行可能な戦略ではありません。これには誰もが同意していました」。

しかし、ニュエンとL&Dチームのメンバーは、LCDモデルを知るまで、既存の方法とは違った方法でトレーニングを提供するためのアイデアを持っていませんでした。彼らはワークショップを通して、OK-LCDモデルの5つのアクションに沿って、既存の学習イニシアティブの1つを再設計しました。帰社後、彼らは営業部門の部門会議でラーニングクラスターを発表しました。「転機となったのは、クラスターを構築するという新たな目標が明らかになったときでした。エンドユーザーがブルースケープのエコシステムの中で遭遇するさまざまなシナリオに対応し、彼らが学習を必要とする時に必要なコンテンツを提供したいと考えました。それが、皆が『Wow、それはいいアイデアだ』と思った瞬間でした」。

L&Dチームは、見たいと思っていた現場での行動の変化、トレーニングを受ける学習者のペルソナ、既存の資産の価値などを考慮して、完全なラーニングクラスターを構築しました。その結果はどうだったでしょう？

ニュエンはこう報告しています。「私たちが行ったすべての作業の結果、ブルースケープ内の最も批判的な人たちでさえ、この方法論に賛同してく

れました。さらに、トレーニング・スペシャリストをあと二人、おそらく
その後も二人雇うための資金も得られました。このような根本的な変化が、
ブルースケープの新たなビジネス構築段階につながったことは驚くべきこ
とです」と述べています。

ファイナルノート

あなたのL&Dチームが、ブルースケープ社と同じように新しいイニシアティ
ブに対する組織からの反応を得ることを想像してみてください。あなた個人
としてはどのように感じるでしょうか？　良いことではありませんか？　OK
－LCDによってL&Dに対する組織の認識をどのように変えられるでしょうか？
あなたは、学習経験がどれほど効果的になるか想像できますか？　また、研修
登録などの支援が簡単になったら、チームの効率がどれほど向上するか想像で
きますか？

私たちは、このモデルを適用することで組織が得られる結果を見てきました
（図2-8参照）。コンサルティング・チームとともに、複雑な学習課題に取り組
み、結果を出すための最新の学習体験を提供してきました。そして今、私たち
は、あなたがこの理念を採用することをお勧めします。

図2-8　OK-LCDモデルとは…

OK-LCDの原則に代表される５つのアクションに従ってまずは行動してみましょう。関連するツールを利用しましょう。自分たちのラーニングクラスターを作って展開し、L&Dチーム、ビジネスリーダー、そして最も重要な学習者の皆さんの反応を記録しましょう。助けが必要なときは、コンタクトしてください。ピアサポートから最新のリサーチ、専門家からのサポートまで、あなた自身も学習資産に囲まれて、デジタル時代に対応した新しいL&Dを実現してみませんか？

次の５つの章では、OK-LCDモデルを構成する５つのアクションとツールについて説明します。ロク・ニュエンとブルースケープ社のような結果を得るにはどうすればいいか、考えてみてください。

ここまで読んだことに基づいて、以下の質問を考えてみてください。

◆OK-LCDモデルを適用することで、あなたやあなたのL&Dチームにどのようなメリットがあると思いますか？

◆あなたが使っている他のIDモデルとOK-LCDモデルを比較したとき、何がユニークで、何が違うのでしょうか？　何が似ていて互換性があるのでしょうか？

適　用

◆LearningClusterDesign.comをじっくり見てみてください。現代の学び（モダンラーニング）の旅を始めるきっかけとなるようなフレーズ、ストーリー、アイデアを見つけてください。

◆さて、ここまで見てきたことを踏まえて、自分自身のミニビジョンを作ってみましょう。自分の仕事にどんな希望を持っていますか？　あなたが達成したい目標は何ですか？

3 ▷ 研修の場だけでなく 職場も学びの場に 変える

ラーン
学習者ごとの
違いを学ぶ

チェンジ
業務上の行動を
変える

サラウンド
意味のある学習資産で
学習者を取り囲む

トラック
すべての人の変化
結果を追跡する

アップグレード
既存の学習資産を
アップグレードする

「この研修修了後〜ができるようになる」というタイプの学習目標の達成だけを約束するのではなく、業務上のパフォーマンスを向上させる責任を負うことで、デジタル時代のL＆Dに進化できるのではないでしょうか。

OK-LCDモデルは、研修の先にある高次目標である戦略的パフォーマンス目標（SPO）に焦点を当てています。これらのSPOは、能力ギャップと、仕事上の行動やビジネス指標に対する望ましい変化との関連性を示しています。この新たな焦点により、従業員が必要とするコンテンツを、必要なときに、必要な場所で、必要な方法で提供するための複数の学習資産（スキルセットごとに１つのトレーニングプログラムだけではなく）を作成できる可能性が出てきます。L＆Dは、インストラクショナルデザインの強みを活かし、強力な学習目標に基づいて厳密に設計されたプログラムを提供し続けていますが、それはモダンラーニングデザインでは、能力（ケイパビリティ―）を高め、スキルギャップを解消することを目的としたラーニングクラスターの形成に活かされます。それによって、L&Dはタレントデベロップメントの推進役としての認識

を高め、トレーニングプログラムを提供するだけの
オーダーテイカーの役割から脱却することができま
す。

チェンジ
業務上の行動を
変える

OK-LCDモデルの「チェンジ：業務上の行動を
変える」は、L&Dプロジェクトの新しい目標を設
定することです。目標の決定は、解決策とそれに関
連する結果への道筋の形成の始まりです（図3-1）。

図3-1　**目標が、ソリューションと結果を形作る**

目標：トレーニングプログラムの作成	新しい目標：業務行動を変える
得られる結果：	**望む結果**
☑出席率	💡ひらめきを得る
☑コントロールされた環境での習得	💡なるほど！という瞬間を得る
☑テストの合格	💡行動の変容
☑覚えたことを繰り返す	💡視点の変化
☑研修イベント提供＝完了	💡より高いレベルのパフォーマンス

新しい目標は、クラスや研修コースが終わるまでの行動を変えるのではなく、
業務における行動を変えることです。この章では、L&Dの新しい目標、この
新しい目標の影響、そしてそれをどのように実行するかについて学びます。こ
の章を読みながら、L&Dチームが「業務上の行動を変える」というアクショ
ンを起こすことが何を意味するのかを考えてみてください。あなたはこの高次
の責任を負うことへの覚悟はありますか？　それは、あなたの学習設計へのア
プローチにどのような影響を与えるでしょうか？

まず、私たちのL&Dの世界でよくある話から始めましょう。

L&Dのよくある話

[登場人物]

CEO
Doug（ダグ）

CFO
Marc（マーク）

CHRO
Chris（クリス）

CLO
Marissa（マリッサ）

場面：L&Dに関連する会話は、L&D担当が部屋にいないときに起こることがよくあります。CHROとCFOがL&D予算とさらなる投資の根拠について話し合っている時のことです。

「マリッサはLMSのアップグレードにかかる費用をカバーするために、L&Dの予算を去年より８％アップする必要があると見積もっています。新入社員の激増に伴い、このLMSのアップグレードは、彼らが業務をこなすことができるようにトレーニングを確実に行うために不可欠な予算なのです」とクリスは、マークに話している。

マークは肩をすくめて答えた。「そうだね、クリス、君は我々が何人雇っているか誰よりもよく知っているだろうけれど、その投資が報われることを示す数字を教えてくれれば、来週の役員会議で売り込むのがもっと簡単になるんだけどね。まあ、でも気にしないで。この間二人でトレーニングのROIについて議論したけれど、良い解決策が見えない堂々巡りになってしまったしね」。

クリスは、マリッサとの最後の会話を思い出しながら、「私が言えるのは、本来はいて欲しいのに残念ながら退職を選んだ人たちの退職時面談で、その60％以上の人が、もっとトレーニングや成長の機会が欲しかったと答えていることですよ」と言い返した。「新入社員向けのLMSアップグレードの運用が終わり次第、マリッサは、他の社員に適切なトレーニングを提供するためにLMSを利用することに焦点を移す準備ができていると言っていますし、受講すべきコースがあるのに、社員がそれを受講していないんです。LMSを使えば、社員や上司が受講可能なコースを確認することもできるし、さらに、必須のトレーニングコースを設けることも検討していけるんですよ。そうすれば、上司がプロジェクトの重要なタイミングを理由にトレーニング参加要請を断ったとしても、社員が必要なトレーニングを受けていることを確認することができますから。でも、ご存じのように、トレーニングには常にクリティカルなタイミングがあるのです。より良い業務を迅速に行えるようにするためには、どこかでトレーニングを受けさせる必要がありますよ」。

「ああ、昔からある『斧を研ぐために切るのをやめる』＊（訳者注：良い仕事をするために常に道具を整えておくということのたとえ）という話だねえ。私もそう思う。頑張ってほしい

ね。OK、今回は君のためにマットに頼んでみるよ。でも、来年はどうかな？　私もHBRの記事で読んだけれど、新しいeラーニングのプラットフォーム、あるいはバーチャルリアリティの機器を要求してくるつもりなのかな？」とマークは言った。

「まあ、近代化は続けなければなりませんしね。VR機器!?　うーん、そのアイデアいいですね。マリッサのチームと相談してみよう」とクリスは笑顔で言った。

「でも気を付けて、クリス」とマークは笑顔を返しながら言った。「テクノロジー的なものをどんどん追加していくと、IT部門があなたの部署を乗っ取ろうとするかもしれないよ」。

「マーク、それ面白いわね。ダグが求めていたマネージャートレーニングをIT部門が作るのを見てみたいですねえ。IT部門は、営業部隊に導入する新しいCRMプログラムのトレーニングすら作れず、L&Dチームがその大失敗を救済しているんですから。ですから、今のところはこの仕事を続けられると思ってますよ。あ、行かなくちゃ。予算の件、ありがとうございました」。

クリスは去りながら、とても基本的なことであれば、IT部門は自分たちでトレーニングを作ることができるかもしれない、と思っていました。「でも、L&Dにやってもらうことの意義は何なんだろう？　なぜ彼らはわざわざ依頼しなければならなかったのかしら？　L&Dは、低スキルのアウトソーサーではないわ……、戦略的なエキスパートとして認識される必要がある……？」クリスは、これまでに何度も投げかけてきた質問を自問しました。どうすればL&Dチームをサポートできるのか？

問題はOK-LCDモデルが、クリス、マーク、そして彼らの会社にどのような変化をもたらすことができるかです。この章を読みながら、下記の主要な問題にどのように対処すべきか、自分の意見をまとめてみてください。

・研修費用の妥当性、その根拠をどう示すのか？
・どうすれば従業員の研修利用率を向上させることができるのか？
・L&Dの近代化をよりシステマティックに行うにはどうすればいいのか？
・L&Dは、ビジネスに貢献する学習の専門家として、どのように評価を高

めていけばよいのか。

アクションの説明

　このアクションは、L&Dの目標を修正して、今日の関連性と影響力を高めるためのものです。歴史的に見て、私たちL&Dは、目的（ゴール）設定や目標（オブジェクティブ）設定に長けているはずです。しかし、世界が大きく変化している今、現在の目標設定がどのように私たちを制限しているのか、どのように新しい目標がビジネスや学習者に対する私たちの価値を高めることができるのか、そして、新しい目標を複数の学習資産と組み合わせて、どのようにパフォーマンス向上のサポートができるのかを考えてみましょう。

L&D目標の限界とは

　一般的に、L&Dは、自分たちの目標や成功を、クラスルーム研修内やコース終了時に達成できる範囲内で定義してきました。なぜでしょう？　それは、自分たちでコントロールできることであると感じているからです。つまり、それが、ビジネスサイドから私たちの価値を測る方法ともなっているのです。クラスやコースは、ステークホルダーが私たちに提供を求める製品です。私たちは約束を果たしたいと思っています。そして、私たちが安全に保証できる唯一のものは、トレーニングコースの最後に達成されるパフォーマンスだと信じています。しかし、このように定義されたL&Dの目標は、ビジネスへの影響を劇的に制限してしまいます。

　そういった目標設定の背景には、L&Dがあるトレーニングコースを提供し、それを学習者（従業員）が利用するという前提がありました。今日、この基本的な仮定は明らかに間違っています。学習者は、L&Dが管理しているかどうかにかかわらず、さまざまな学習資産を使っています。L&Dは特定の明確なゴールを念頭に置いて複数の学習資産を提供しなければなりません（図3-2）。

図3-2　シングルアセットのソリューションはL&Dのインパクトを制限する

今日のL&D

単独プログラムや集合研修、研修コース

従業員主導型

??? ??? ??? ??? ???

業務パフォーマンス

あるケイパビリティギャップに対して

研修プログラム最後の習得パフォーマンスは、業務でのパフォーマンスを保証するものか？

研修クラス以外の学習資産を追加するとすれば業務パフォーマンスはどのような状態になるだろうか？

　L&Dプロフェッショナルは、クラスルーム研修を超えた目標を持つ必要性を長い間感じてきました。クラスを超えてL&Dのビジネスとの関連性を高めようとした1つの方法が、スコアカードに対投資効果（ROI）を加えて測定することでした。しかし、ROIの重要性が認識されているにもかかわらず、マッキンゼーのある調査では、トレーニングのROIを追跡している組織はわずか8％であることがわかりました（Cermak and McGurk 2010）。Lidia Staron（2018）が指摘しているように、ROIの測定が難しいのは「測定値が主観的になる可能性がある」からです。従業員トレーニングのROIを測定するための単一のアプローチはありません。そして、私たちは、より良い目標を立てる時が来たと考えています。

より良い目標：戦略的パフォーマンス目標（Strategic Performance Objective）

　OK-LCDモデルの最初のアクションである「業務行動を変える」では、SPO（Strategic Performance Objective：戦略的パフォーマンス目標）という形で高次の目標を作ります。

　戦略的パフォーマンス目標をより高次なものにしているのは、2つの点です。第1に、SPOは望ましい職場での行動（クラス研修最後の行動ではない）と、その行動がビジネスにもたらす利益との関連性を、ビジネスが意識する言葉で表現していることです。言い換えれば、ビジネス戦略と従業員のパフォーマンスとの関連性を示すものです。第2に、SPOはラーニングクラスターの包括

的な目標だということです。ラーニングクラスターとは、L&Dが新たな目標を達成するために、複数の学習資産で構成される新しい「製品」です。

　まず、望ましいビジネス・インパクトを特定し、そのビジネス・インパクトをもたらすために必要な現場での行動変容を見極めることから始めます。この特定された行動の変化は、ラーニングクラスター内のすべての学習資産のターゲットとなります（図3-3）。

図3-3　戦略的パフォーマンス目標の書き方―リバース・エンジニアリング・アプローチ

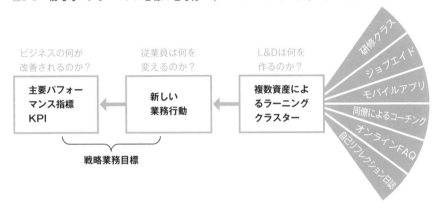

　こうした新しい目標の設定によって、L&Dは過去のクラスルーム研修やコースの目的の限界を超えることができます。クラス研修の外に焦点を移すだけではなく、クラスルームを含むやその他の学習資産の焦点を高め、人々が学習を必要とする可能性の高い瞬間や方法に合わせて学習を強化することです。

複数の学習資産で目標を達成する

　従来のインストラクショナルデザインは、学習目的から始まり、学習者がその目的を達成するために必要なコンテンツを追加するリバースエンジニアリングの一種でした。OK-LCDモデルは、それをさらに進化させたものです（図3-4）。

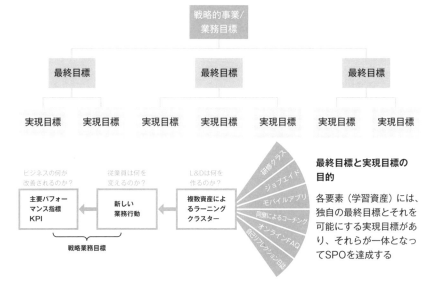

図3-4　戦略的パフォーマンス目標—2つの方法で示される高次の目標

最終目標と実現目標の目的

各要素（学習資産）には、独自の最終目標とそれを可能にする実現目標があり、それらが一体となってSPOを達成する

　私たちの新しい学習目標階層では、戦略的パフォーマンス目標を最上位に置き、それに続いて一連の最終目標と実現要素目標を配置しています。下位の階層は、上位の階層の前提条件となります。

　L&Dは、この新たな目標に向けて焦点を当てます。それは、従業員（学習者）が職場での行動を変えられるようにすることです。OK-LCDモデルでは、L&Dが戦略的に選択し、厳密に設計された数多くの学習資産からなるラーニングクラスターを通じて、各々の学習目的の達成を促進します。

　このラーニングクラスターは、
・伝統的なクラスルーム研修や職場から離れた場所で行われる一連のコースも含み、
・特定のパフォーマンスギャップを埋めるために、職場での学習が必要な時点で使用することができ、
・多様な追加学習資産（業務手引き書——ジョブエイド、ポスター、モバイルアプリ、ブログ、集合研修、eラーニング、ソーシャルネットワーク、インフォグラフィック、バーチャルリアリティシミュレーションなど）も含みます。

第2章で紹介したモッシャーとゴットフレッドソンの「学習を必要とする5つの瞬間」を覚えているでしょうか。これまでもL&Dは常に学習者が学習を必要とする適時性に合致させることを念頭に、これまではコースを提供したり、コース終了後に使用できるジョブエイドやリソースを提供することを試みてきました。実際、多くのL&D担当者はすでに複数の学習資産を作成しています。例えば、研修クラスとジョブエイド、eラーニングとそのオプションとしてのメモリーカード、あるいはオンラインと授業を組み合わせたブレンデッド・ラーニング・プログラムなどです。しかし今のところ、L&Dはこれらの学習資産を単に集めたり、必要に応じて作成したりしているだけのようです。学習目標ごとにこれらの複数の学習ゴール／目的を追加するシステムや戦略がありません。

　今日のハイテクな世界においては、もっと上手くやれるはずです。ゴールは、従業員（学習者）が必要なときに必要な場所で利用できるようにL&Dの強力な学習資産を形成することです。OK-LCDモデルの助けを借りれば、従業員（学習者）ドリブンな学習を仕事の流れの中でシームレスに提供することができ、結果として組織にとっても、より適切なものの提供を可能にします。また、第6章で説明するように、L&Dがさらに多くの余分な業務をすることなく、これを実現することができます。むしろ、1つのクラスやコースにすべてを盛り込むよりも簡単なのです。

　OK-LCDモデルは、戦略を提供します。すべては、この最初のアクションと新しい目標である「職場での行動変化（業務行動の変容）」から始まります。まずは、戦略的なパフォーマンス目標（業務目標）に焦点を当てます。これは、現場での行動を変えるための新しい包括的な目標であり、下位層の最終（ターミナル）目標や、学習資産によって実現を可能にする関連目標の形成を推進します。

　　〝これまでは、販売終了後に顧客を引き継ぎ、そのニーズに対応してきましたが、特に正しいと思われるトレーニング方法論を適応しているわけではありませんでした。その場しのぎで多くのコンテンツを作成し、複数の方向性に振り回されていました。クリスタルとリサがまとめたOK-LCDモデルを見たとき、これが私たちにずっと欠けていたものだと気づき始めました〟

〝この４年間、私たちは必要に迫られてさまざまな種類のトレーニングコンテンツを作成してきましたが、必ずしもコンテンツを集約して戦略的に活用するという包括的な目標に向かっていたわけではありませんでした。今回のワークショップでは、包括的な目標が何であるかを理解し、包括的な目標（つまりSPO）が存在していたことを理解しました〟
—ロク・ニュエン, ブルースケープ社のL&Dリーダー

ラーニングオブジェクティブに馴染みがない方に

インストラクショナルデザイナーは最終目的を念頭に置き、学習者に必要な前提学習や不足しているものを特定しながら下へ下へとデザインしていきますが、学習者は低層レベルの教材から始めて上へと学んでいきます。良い目標を書くためのポイントは、学習者の脳内で学習が行われたことを示す指標です、目に見える行動を記述することです。悪い目標は、インストラクターが行うこと（xyzを教える）や、学習者の頭の中で目に見えない形で起こること（xyzを学ぶ、知る）を記述することです。タクソノミーは、インストラクショナルデザイナーが、学習者のスキルを高めるために、論理的な順序でコンテンツを提供するためのモデルです。

もしこれらに馴染みのない方は、このインストラクショナルデザインの基本を確認してみてください。「インストラクショナル・オブジェクティブの重要性」と題して、”Bloom's taxonomy“と“SMART objectives“というキーワードでネット検索してみてください。”Bloom's objective“の画像検索も、全体像を把握するのに手っ取り早いです。

実施したアクション

チェンジアクションの達成を支援するために、プロセスを段階的に進めると同時に、思考の指針となるツールを提供します。チェンジアクションのためのツールは、テキスト文書の中にある一連のテンプレートを用いたビジュアルエイドです。チェンジアクションでの主な作業は、戦略的なパフォーマンス目標を作成することです。その後、サラウンドアクション（第６章）に取り組む際

には、引き続きチェンジツールを使用して、あなたが設計したラーニングクラスター内の学習資産が最終目標と実現要素目標とで整合がとれているかを整理します。チェンジツールの使用方法の詳細は付録に、使用例は第8章にあります。また、このツールはLearningClusterDesign.com/Book-Bonusでもご覧いただけます。とりあえず、このツールを使って戦略的パフォーマンス目標を書くことに焦点を当ててみましょう（図3-5）。

図 3-5　業務上の行動を変えるアクションのためのツール

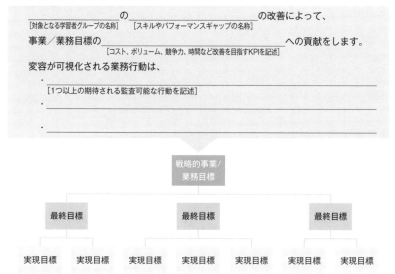

戦略的パフォーマンス目標のパーツ

　戦略的パフォーマンス目標にはいくつかの部分があります。それぞれの部分への回答は、ステークホルダーや顧客と一緒に検証しなければなりません。

- **誰が**オン・ザ・ジョブ・パフォーマンスを変える必要があるのか（ターゲット・ラーナー）。
- 対象となる**スキルやパフォーマンス**の名称。
- ラーニングクラスターを使用してパフォーマンスギャップを解消した結果、改善されるビジネスの**重要業績評価指標**（KPI）やその他の指標のこと。
- ギャップが解消されたときに**仕事上で見られる典型的な行動**の説明。通常、

3〜5つの行動が記載されます。

データの取得

　経営層や部門長など主要なステークホルダーと話し合うことは、初期段階での重要なステップです。チェンジアクションは、従業員（学習者）が何を知らなければならないのかを理解するための演習ではなく、ラーニングクラスターが意図したとおりに機能したときに、関係者が何を期待できるのかを把握するためのものです。基本的に、今まで、多くのリーダー層がL&Dに期待していたことが、トレーニングプログラムの提供であると思っていることを忘れてはいけません。L&Dがパフォーマンスに貢献できることを示すためにも、あなたは最高のインタビュースキルを駆使して、彼らが職場でどのような行動の変化を期待しているのか、このラーニングクラスターの結果としてどのようなビジネス指標が改善されるのかを探り出さなければならないのです。このツールは、それを言語化するのに役立ちます。「実践編」の実例を読んで、ステークホルダーによる行動変容目標を引き出す方法を確認してください。

　またインタビューでは、以下の点に注意してください。

・「誰」については、具体的に説明します。例えば「研究開発者」ではなく、「研究室で化学実験をしている研究開発者」、「製造業の従業員」ではなく「管理者や訪問者を含め、製造現場に足を踏み入れるすべての人」というように、掘り下げていきます。
・対象となるビジネス部門や経営が気にかけていて、すでに追跡しているかもしれないKPIを見つけてください。そのKPIが、トレーニングを要求する根本的な理由になっている可能性が高いからです。
・パフォーマンスが向上したときに見られる典型的な行動については、具体的な説明を求めるか、最低でもいくつかの例を挙げます。KPIよりも簡単に説明できると思われるので、この要素から始めることが多いです。その後、戦略的パフォーマンス目標の他の構成要素に戻っていきます。

L&Dの業務スキル

L&Dには、戦略的なパフォーマンス目標を作成する際や、ラーニングクラスターを設計する際に役立つ、価値あるスキルがたくさんあります。ここでは、チェンジアクションに役立つL&Dのスキルをいくつかご紹介します。

- ・インタビュー
- ・堅固な学習目標を書く
- ・プロジェクトマネジメント
- ・ニーズ分析
- ・問題解決
- ・戦略的思考
- ・システム思考
- ・システムシンキング

戦略的パフォーマンス目標の例を紹介します（その他の例は図3-6にあります）。

マーケティング担当者（○○さん）が新しいCRMソフトウェアを迅速に使いこなせるようになることで（望ましいパフォーマンス）、会社はポジティブな顧客評価指標（KPI）を2ポイント向上させることができます。

職場では
- ・新データベース稼動5日後には、マーケターによる旧データベースへのアクセス頻度の低減が確認・観察できる（行動）。
- ・各チームは新システム稼働日から1ヶ月以内に旧システムのアーカイブ化のサインオフに合意し、2つのシステムを同時に運用するコストを削減する（無駄な行動、KPI、利益）。

テンプレートを柔軟に適用したことに気づいていただけましたか？　SPOテンプレートはガイドであり、必須のフォーマットではありません。テンプレートの背景にある考え方を参考にして、作業を進めてください。

図3-6　戦略的パフォーマンス目標の各部分の例

ターゲット ラーナー	能力の ギャップ	KPI	業務行動 （オン・ザ・ジョブ・ビヘイビア）
プロジェクトチームメンバー	タイム・ツー・マーケット・ケイパビリティ	プロジェクト完了までの時間を過去5年間における競争域の平均値から5%削減	・Stage Gateプロセスがすべてのプロジェクトで使われ、プロジェクトチームの目標に向かって一致していることを確認し、Go/No-Goの決定を迅速に行うために必要な情報を経営陣に提供することができている。
労働者とその監督者	安全コンプライアンス	時間損失事故を業界標準より20%低いレベルに抑える	・従業員は、業務計画やその実行に際し、安全規則を互いに引用して、「業務を安全に遂行しよう！」の声掛けをし合っている。 ・製造現場では「業務を安全に遂行しよう！」のモットーがよく聞かれる。
従業員管理に従事するマネージャー	マネージャーとしての人間関係構築能力	離職率の業界平均を下回る。望ましくない離職の低減	・IT部門によるカレンダー入力分析から、マネージャーと従業員の1対1のミーティングが増えていることが確認できる。 ・マネージャーが従業員や求人情報を説明する際に、性格特性や強みの評価の言葉を使っていることを耳にする。 ・マネージャーが社員の間を巡回している様子が見られ、助力やサポートの申し出、褒め言葉が聞こえている。
研究員	法令遵守	重大な停止発生ゼロ、および軽微な違反の50%減少による監査後の問題に費やす労力の削減	・定期的にラボを回り、割り当てられたSOPの検査を行っている。 ・SOPの改善について他の人と話し合う。 ・改善点が見つかった場合、定期的にSOPの更新を行っている。 ・誰もがSOPやFDA規制ハンドブックを参考にしている。 ・すべてのタスクに、必要なチェックシートを使用している。

実践編

　フォーチュン100にも入っているある企業では、クライアントであるリーダー層から、昨年行われた役員報酬に関する必須研修を、全トップマネージャーに再度実施してほしいという要望があった。報酬担当ディレクターは、新任のL&Dマネージャーに対して、次のように説明した。

「この半日のトレーニングコースは、新しい報酬制度が、マネージャー自身の部門や組織と、会社全体の利益との間でバランスのとれた意思決定の促進ができるように設計されていることを説明するために作られました。しかし、マネージャーたちは最初から聞いていなかったようです。理解できなかったのか、それとも研修内容を覚えていなかったのか……いずれにしても、このトレーニングコースをもう一度実施しなければなりません」。

　何を変えればいいのかと聞かれたディレクターは、意思決定のプロセスを何度も説明し、報酬制度が「自分のため」と「全員のため」の意思決定のバランスをどのように管理しているかを長々と説明した。しばらくして、L&Dのリーダーが尋ねた。「では、私が新しいトレーニングコースをデザインしたとして、それがうまくいったことをどうやって知ることができますか？　何が変わるでしょうか？」。報酬担当ディレクターは「私の電話が、重役たちからの『もう一度説明してくれ』という私への電話が鳴り止むこと」と大声で答えた。

　このこと、つまり、報酬決定の際の役職者による報酬制度担当ディレクターに対しての支援を求める電話がなくなるというのは、すなわちバランスのとれた意思決定を下す際に役員がディレクターに電話して助けを求めるのをやめる必要があるという1つの洞察と言える。これは、まったく別の学習資産を形成するきっかけとなったのである。エグゼクティブたちに新しい学習資産を活用させることに重点を置いた。新しい研修クラスはわずか1時間で終わった。自分たちの報酬と会社の成功の両方に影響するような意思決定の際に、この学習資産を使えば、自主的に学び、答えを得ることができる。

　新しい学習資産が導入されてから数ヶ月後、報酬制度担当ディレクターはL&Dマネージャーに感謝の電話をした。

　「電話が鳴らなくなったので、他の仕事に取り掛かれるようになりました。上手くいきました！」。

アクションのインパクト

　チェンジアクションについて、「何を」「どのように」を説明しました。さて、ここからはギアを変えて、このチェンジアクションがL&D実務者であるあなたに与える影響を考えてみましょう。その前に、あなたがOK-LCDモデルを適用し始めたときに、あなたの世界で起こるかもしれないストーリーから始めましょう。この章の最初に出てきた話を覚えていますか？　OK-LCDモデルを使って、L&Dチームがどのように変化（トランスフォーム）し始めたかを見てみましょう。

あるOK-LCDストーリー

[登場人物]

CEO
Doug（ダグ）

CMO
Raj（ラジュ）

CLO
Marissa（マリッサ）

場面：ダグとラジュは会議のために少し早めに到着し、会議が始まる前にちょっとした打ち合わせをしています。

　「やあ、ダグ。調子はどうだい？」と、会議室のテーブルに座ったラジュが尋ねた。
　「いいよ」とダグは答えた。「ところで、先週の研修の話を覚えている？先週、研修の話をしたよね。マリッサと僕は、マネージャー向けの研修について打ち合わせをしたんだ。彼女は今回、いくつか今までとは違った質問をしていたよ」とダグは驚きを隠せない様子だった。
　「そうだった」とラジュは言った。「マリッサと、新しいCRMソフトウェアのアップグレードに関するトレーニングについて話し合うために会ったんだ。そうしたら彼女が『トレーニングが成功したかどうかは、どうやってわかるの？』と聞いてきた。私は、トレーニングが成功したかどうか

を私に伝えるのは彼女の仕事だと言ったんだけれど、彼女は別の情報を求めていたんだ。彼女は、研修が成功した場合、従業員や職場で、人の何が変わるのかを知りたがったんだ。彼女は『戦略的パフォーマンス目標』を策定していると言っていた」。

ダグは眉をひそめて、「ふーん、興味深いね。私が依頼したマネージャー研修について、私が彼女に会ったときにも同じようなことを質問してきた。彼女の『何が違うのか』という質問に対する私の即答は、『突然辞める社員がいなくなり、仕事を続けてくれる』と言ったよ。彼女はその答えに納得したようで、より深い洞察を得るために話を聞くべきマネージャーのリストを要求してきたんだ。それと退職者インタビューデータへのアクセス。彼女は、管理職が従業員の離職率に与える影響に関する根本的な原因を解明してから、マネージャー用の資料を作成し、どの組織やマネージャーがそれを使用しているかをトラックする資料を作成するそうだ。彼女は、トレーニングクラスの利用と、離職率の低下という目標の間に相関関係があるかどうかを判断するためのビジネスリソースが必要だとも言った」。

ラジュは、「でも、私が話したときに、彼女は『トレーニングクラス』とは言ってなかったなあ。彼女が話していたのは、何だったかな……？」。

「ラーニングクラスター？」。

「ああ、それだ」とラジュは言った。「『ラーニングクラスター』と『学習資産』。彼女は、トレーニングのモダナイズを目指していると言っていたかな、それが彼女の成果物に対する新しい用語のようです。そして、現代に即したトレーニングを求めるなら、社員が簡単にアクセスできるよう、さまざまな学習資産を職場に置かせてほしいと言っていた。彼女は、サーバースペース、シェアポイントサイトへの書き込み許可、マーケティングホームページでの定期的な特集記事、その他いくつかのことを要求してた。また、いつものように、トレーニングクラスやウェビナーの実施に協力してくれる専門家が数名必要だと言っていましたが、私は協力できるだろうけど、今までのトレーニングコースの半分程度の時間しかかけられないだろうと返事をしましたよ。すると彼女は、『クラスター学習という新しい学習方法を取り入れれば、クラスルーム研修の時間も短くなるでしょう。』と言ったんですよ。いいなあ、と思いましたねえ」。

「短く？　それは、予想外だ」とダグ。「それに、マネージャー研修を義務化するという私の提案を断るとも思ってなかった。彼女が言うには、人によっては別のトレーニング方法、学習資産を使って学ぶことを好む人もいると言うんだ。彼女は私に、マネージャー研修によって、ビジネス上にどんな違いが生じることを期待しているのかを考えさせた。その上で、彼女は、マネージャーごとのメンバー離職率を四半期ごとに見直すので、悪い離職率に対してはマネージャーが責任持つということを、リーダーが周知することが最も必要なことだと言ったんだ。そうすれば、あとは彼女がやると」。

　「彼女の新しい戦略で一番気に入ったのは、最新のプログラムを実行するための予算を大幅に増やさなくても、パフォーマンスを向上させることができると言っていることだ。私はこの『モダナイズプログラム』が好きになりそうだよ。自分たちが本当に達成しようとしていることと、より密接な関係がありそうだからね」とダグは続けた。

OK-LCDの違い：
　L&Dがビジネス（事業や組織目標）と明確に結びついており、ビジネスが自ら空白を埋める必要はありません。L&Dは、事業部門や経営が要求する『トレーニング製品』に限定されるのではなく、インストラクショナルデザインの専門知識に導かれるように、ビジネスゴールを実現する機会を得ることができます。

チェンジアクションの影響は大きく、それぞれの状況に応じて異なる場合があります。OK-LCDストーリーのサイドバーでは、L&DがOK-LCDモデルを使い始めたことで、経営層が変化に気づきました。しかし、このような場面にたどり着くためには、L&Dの実務者は、深く根付いたいくつかの視点を再考する必要があります。これには、私たちの目的、責任範囲、言語、学習教材に対するコントロールなどの視点が含まれます。

　典型的なL&Dの人は、
　・人を助けることを大切にする。

・継続的で多様な学習が好きである。
・優れた分析能力を発揮する。
・厳密さと構造化された思考を適用する。
・効率と秩序を重視する。
・上手にコミュニケーションをとる。
・細部にまで目が行き届いている。
・クリエイティブである。
・人がどのように学ぶかについての専門家である。

　しかし、L&Dが進化し続ける中で、私たちの特性やスキルをどのように生かすかは変わってきます。かつて、L&D組織の目的は「トレーニングを作る、または、提供する」ことでした。L&D担当者はSME（Subject Matter Expert：内容領域専門家）でなければなりませんでした。しかし、情報が氾濫し、ほぼすべての分野で変化のスピードが速くなっている現在、すべてを知っているSMEであることは、もはや現実的ではなく、ほぼ不可能であり、望ましいことではありません。

　私たちの新しい目的は、業務上のパフォーマンス（オン・ザ・ジョブ・パフォーマンス）を強化することです。それには、ラーニングクラスターが戦略的なパフォーマンス目標を達成し、職場で見られる新しい行動を完全なものにすることを保証する勇気を持つことが必要です。これを実現するには、人々を学習資産で取り囲み、必要なときに、必要な場所で、必要な方法で学習できるようにする必要があります。第6章のサラウンドアクションでさらに詳しく説明しますが、次のような新しい方法でこれを実現することができます。

・効果的なリマインダーや間隔を空けた学習を提供するための情報のキュレーション。
・専門家が新しい知識を伝えるためのインフラの提供。
・学習者が適切なコンテンツに効率的にたどり着けるような経路の提供。
・学習のためのリソース（メンター、専門家、ブログ、書籍）に人々をつなげる。
・学び方、覚え方を教える（脳科学の知見を応用する）。
・クラウドソーシングのコンテンツを利用して、みんなで知恵を出し合う。

これらは、成果物に対する新しい考え方です。しかし、L&Dのスキル（何をどのような順番で学ぶべきか、どのようにチャンクするかなど）があれば、標準的なトレーニング教材だけでなく、まったく新しい学習資産にまで成果物を拡大することができます。

クラスルーム研修を超えて未来のマインドセットを展開する

　これからのL&Dの考え方は、研修の外で起こることに責任を持つことです。L&Dは、今は研修外のことをコントロールできるとは思っていませんし、トップダウンで下命されたプログラムだとしても、プログラムの外で学習資産を開発することは、自分たちの責任範囲を超えることだと思っているので、これはかなり難しいことです。さらに、職場に目を向けると、変数の数が制御不能なほど拡大しているように感じます。

　今日のL&Dのスコアカードは、インフォーマルな学習ではなく、フォーマルな学習方法にしか触れていません。対策を持ち合わせていなければ、自分たち（場合によっては、自分自身に対しても!?）の価値を証明できないと感じてしまうからかもしれません……アップグレード、サラウンド、トラックアクションに注目してみてください。

　チェンジアクションは、L&Dが、高速学習が必要とされる職場で起こることに責任を持つことです。これは、クラスやコースをなくすということではありませんし、それらは今でも大いに必要なものです。

　OK-LCDのアプローチを共有する中で、あまりにも多くのL&D担当者がビジネスから切り離されており、トレーニングとビジネスの成功との間に何の関連性も見いだせていないことに気づきました。この状況を変えなければなりません。L&Dは経営層などリーダーシップ層に対して、「もし従業員の研修が成功したら、職場では何が変わるのか？　そして、なぜその違いが組織の利益になると思うのか？」と問いかける必要があります。

あなたの言語をアップグレードしよう

　L&Dの目的は、コンテンツを研修として提供することではなく、定義された業務上の行動を変化させる学習を可能にすることによってビジネス上の成功を促進することであるという厳しい現実があります。しかし、L&Dの専門家

に仕事の内容を聞くと、研修を提供することに終始しています。あなたの言葉をアップグレードしましょう。*戦略的パフォーマンス目標*と*ラーニングクラスター*という現代のL&D言語を使用してください。これは、L&Dがパフォーマンスを向上させるための権限を獲得し、フォーマルトレーニングの外に対して責任を負うための最初のステップの１つです。

　L&Dは、プログラムではなく戦略を提供するという話をするだけでも、ビジネス上の注目を集めることでしょう。受講者のパフォーマンスを職場での行動やビジネス上の成果に結びつけたいという話をすることによって、さらに注目を獲得できるのではないでしょうか。OK-LCDモデルのユーザーは、このたった１つのステップが、L&Dの内外を問わず、人々の考え方を、管理されたフォーマルなトレーニングという自分たちで管理できる「自分たちL&Dの縄張り」から、パフォーマンスが発生する広範な職場へとシフトさせるのに役立ったことに驚いています。

大義のためにコントロールを譲る

　すでにコンテンツが民主化され、インターネットに接続すれば誰でも簡単にさまざまな情報やコンテンツを入手できるようになったため、「何を学んだか」をコントロールすることはできません。むしろ「何を学ぶか」だけではなく、「どう学んでいるのか、学びがどう生じているのか」にも焦点を当てる必要があるのです。

　L&D業界が、コンテンツの所有者や提供者という従来の役割にしがみついていたら、電気が黄金時代のろうそく工場のような古めかしい存在になってしまうでしょう。そうではなく、L&Dのスキルを使って、他の人がコンテンツを共有したり、質の高いコンテンツをクラウドソーシングしたり、学び方を学んだり、必要な時に質の高いコンテンツをすぐに見つけられるようにしましょう（図3-7）。

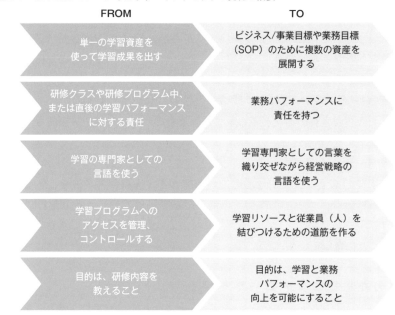

図3-7　OK-LCDモデルがもたらすマインドセットの変化の概要

FROM	TO
単一の学習資産を使って学習成果を出す	ビジネス/事業目標や業務目標（SOP）のために複数の資産を展開する
研修クラスや研修プログラム中、または直後の学習パフォーマンスに対する責任	業務パフォーマンスに責任を持つ
学習の専門家としての言語を使う	学習専門家としての言葉を織り交ぜながら経営戦略の言語を使う
学習プログラムへのアクセスを管理、コントロールする	学習リソースと従業員（人）を結びつけるための道筋を作る
目的は、研修内容を教えること	目的は、学習と業務パフォーマンスの向上を可能にすること

実践編

　これは、クリスタルが経験した実例です。あるフォーチュン500の大企業の製造業企業が、その多くの技術者を単一技能者から多技能者のチームへと変える、組織文化の変革を行おうとしていました。多くの企業がそうであるように、この企業でもマニュアルやガイドはすべて用意していましたが、トレーニングの実施やチェンジマネジメントについてはあまり考えていませんでした。

　この会社が契約していた経営コンサルタントは、技術者たちを教室に集め、その専門領域の講師と一緒に600枚のパワーポイントを使って説明する準備をしていました。しかしながら、その会社はクリスタルに助けを求め、彼女はOK-LCDモデルを導入してこの課題に適用し始めました。チェンジアクションは、すぐに重要な洞察をもたらしました。当初の学習目標は、「技術者チームに20の新しい作業プロセスを教えること」でした。これまで社内チームは、従業員が何を知る必要があるのかに焦点を当てて

いましたが、従業員がその情報を使って何をするのか、ましてや組織文化を変えることの一環として何を変える必要があるのかについては、ほとんど考えていませんでした。さらに、研修コンテンツが対象としている**対象**は１つではなく３つでした。チームは、同じ学習目標を３つの異なる対象者に適用していたのです。

　クリスタルは、組織文化の変革を担当する製造部門やサプライチェーンのリーダーとの対話を通じて、彼らのビジネスニーズを引き出し、それをこの戦略的パフォーマンス目標として伝えることができました。

　技術者チームとそれをサポートする経営層が新しいマルチスキルのチームワークプロセスを習得することで、会社はフェーズ１として設定している信頼性、安全性、従業員エンゲージメントの目標（重要なパフォーマンス指標を示した組織の詳細なフェーズ進行表に明記されている）を達成するための準備を整えることによって利益を得ることができます。

　現場で変化を期待される行動変化は、従業員が以下のようになることです。

　　—旧来の世界と新しい世界の違いを明確にすること。具体的には、旧来の仕事のプロセスがどのように変わるのか、自分の行動をどのように変えるのか、新しい文化構築後には、自分たちにとって何がどのように報われるのかを明確にしていること。
　　—新しいチームとの新たな結びつきを示し、共に働くために共同で作成した規範を守っていること。

　戦略的パフォーマンス目標では、新しい業務プロセスの複雑なエンド・ツー・エンドの詳細を記憶することではなく、何が違うのかを認識できるようにすることに学習の焦点を移し、立ち上げを成功させるために必要なソーシャルラーニングの重要性を強調しました。この新しい目標が、600枚のスライドを使ったコンテンツの提供から、業務遂行上重要なことに焦点を当てたさまざまな学習資産の提供へと、チームの考え方を広げていったことは想像に難くありません。

ファイナルノート

この章では、OK-LCDモデルの最初のアクションである「業務における行動変化」を紹介しました。「チェンジ」アクションの重要な要素、時代にあった効果的なL&D成果物を構築するために必要なこれまでとの違い、そしてそれを実現するツールについても説明しました。また、L&Dは新たな目標、すなわち戦略的パフォーマンス目標に焦点を当てる必要があることを説明しました。最も重要な業績評価指標（KPI）と現場での行動を特定することが、この「アクション」の核心であることも確認しました。最後に、チェンジアクションを開始するにあたり、あなたの旅をサポートするためのマインドセットシフトについて説明しました。マインドセットの変化には、L&Dの目的、言語、コントロールするものを見直すことなどが含まれ、かなり劇的なものになります。

将来的には、L&Dは従業員の開発目標の設定をより高いレベルの戦略的パフォーマンス目標の設定を基盤として始めることによって、その実現をより良いものにできると考えられます。そのためには、本章で学んだことを補完・強化するために、ここで紹介する学習教材を利用することをお勧めします。

- チェンジツール：最新版を付録として収録していますので、ぜひご覧ください。今後の展開や、次の取り組みのためのSPO作成のサポートについては、LearningClusterDesign.com/Book-Bonusをご覧ください。
- 第9章にある「OK-LCDモデル」の使い方のラーニングクラスター。職場でモデルを使用するための能力を高めることを目的としたラーニングクラスターです。最新情報はウェブサイトでご確認ください。
- 第8章では、OK-LCDモデルの実際の使用例を紹介しています。
- OK-LCDモデルの他のアクションの章では、それぞれのアクションがどのように他のアクションをサポートしているのかを知ることができます。

◆OK-LCDが使う言語は、経営層のL&Dの見方にどのような影響を与える
でしょうか？　どのような言葉の変化が最もインパクトがあり、重要だと
思いますか？

◆OK-LCDモデルに移行する際、どのような反発が予想されますか？　経
営層や主要なステークホルダーからの反発にどのように対処しますか？

◆この章の冒頭で、「L&Dのよくある話」ストーリーの登場人物が抱えてい
た問題を考えてみましょう。次のような課題に対して、OK-LCDモデル
はどのように変化をもたらすことができるでしょうか？

・研修費用の根拠、正当化
・従業員の研修利用の向上
・L&Dの体系的な近代化（モダナイズ）
・ビジネスに貢献する学習の専門家として、L&Dの評価を高めること

◆あなたが最近取り組んだ学習イニシアティブを考えてみましょう。その
取り組みの最終目標を考えた場合、より高いレベルの戦略的パフォーマ
ンス目標はどのようなものでしょうか。

・どのようなKPIを盛り込むのでしょうか？
・ステークホルダーやお客様が変えたいと思っているのは、現場でのど
のような行動だと思いますか？
・データを特定し、戦略的パフォーマンス目標の記述を検証するための
プロセスはどのようなものでしょうか？

◆付録のツールをご覧いただくか、LearningClusterDesign.com/Book-
Bonusをご覧ください。各セクションに記入して、「業務行動を変える」
の練習を深めてください。

4 ▷ ユニークな 学習体験を創る

ラーン
学習者ごとの
違いを学ぶ

チェンジ
業務上の行動を
変える

サラウンド
意味のある学習資産で
学習者を取り囲む

トラック
すべての人の変化
結果を追跡する

アップグレード
既存の学習資産を
アップグレードする

　「誰にでも合うフリーサイズ」のような画一的なアプローチではなく、モダンL&Dでは、学習者がどのような人で、どのような学習資産が彼らのスキル開発を促進するのかを熟慮します。ラーンアクションでは、「チェンジ」をベースに、データに基づいたアプローチを用いて、対象となる学習者グループをいくつかの意味のある学習者ペルソナにセグメント化します。そして、どの対象者のどのような行動変化が望ましいビジネス成果に最も大きな影響を与えるのか、そのペルソナを特定します。ペルソナの定義は、属性や職種に留まらず、各ペルソナがいつ、どこで、どのように学習を必要としているかという学習者のコンテクストを探ります。学習者ごとの違いを理解した上で学習資産を作ることによって、学習者は、自分の状況に合わない方法で学習することでエネルギーを失うのではなく、より積極的に学習に取り組むことができます。

工業化時代には、目的の結果を得るための道が１つか２つしかないことが多かったので、たとえそれが自分のニーズに合わなくても、人々はそれらの道に適応しなければなりませんでした。クラスルーム研修であろうと、本であろうと、研修プログラムであろうと、同じ道を何度も何度も使うことができた

ラーン
学習者ごとの
違いを学ぶ

ため、効率が良く、L&Dには、大きな余裕がありました。そういった過程の中で、L&Dは、常にさまざまな学習者を対象としながら、強力な学習体験を生み出すためにデザインを調整してきました。つまり、L&Dには、ターゲット層を分析してサービスを提供するための専門知識があります。

　しかし、デジタル時代のテクノロジーは、望ましい結果を得るための無数のパス（道筋）を学習者に与えています。そして、現代の学習者は、その学習パスが、自分や企業が求める結果を得るための最適な道筋とは限らないとしても、自分の学習ニーズを満たすために、これらの方法を利用しています。今日のテクノロジーを使えば、学習者が探求したいと思うあらゆるトピックに対して、以下のことが可能です。

・記事やビデオなど、豊富なコンテンツを準備すること。
・世界のエキスパートと呼ばれる人を探すこと。
・専門家、実務家、ピアラーナーに連絡すること。
・専門家や実務家とのブログを通じたチャット。
・同僚、上司、友人に助けやアドバイスを求める。
・コースを受講する。
・マイクロサーティフィケーションの取得。

　これらはすべて学習者の指先にあります。私たちL&D担当者が専門知識を駆使して、最高のコンテンツとプログラムやコンテンツにおける学習体験を作ったとしても、学習者が必要とする時と場所と方法で利用できるようにしなければ、業務における従業員の生産性に影響を与えることはできません。むしろ、従業員は限られた時間を学習ではなく検索に費やすことになってしまいます。目まぐるしく変化する環境の中でも、必要な学習のための最適で効率的なパスを構築するのは、L&D次第なのです。

学習者ごとの違いを「学ぶ」ラーンアクションでは、主要な学習者グループ内のセグメントを発見し、それぞれが学習を必要とする最も可能性の高い瞬間を明らかにします。この情報は、後のアクションでターゲット学習者に最適な学習資産を設計する際の重要なインプットとなります。この章では、ペルソナの一般的な使用方法とL&Dツールボックスにおける位置づけ、自分の学習プロジェクトでの学習者のペルソナを作成する方法、そしてペルソナが現代の学習デザインに与えるポジティブな影響について説明します。

L&Dのよくある話

[登場人物]

| Employee | Manager | CMO |
| Jaik（ジェイク） | Julia（ジュリア） | Raj（ラジュ） |

場面：小さな会議室で、ジュリアはジェイクとの業績評価面談を終えようとしている。

　「結論から言うと、ジェイク、あなたの成績はいいわ」とジュリアは笑顔で言った。「ポジションが空けば昇進できる方向にあると思う。唯一の難点は、プロジェクト管理能力ね。私たちの上司の上司が言ったことによると、ラジュをはじめとする経営層（C-suite）の人達はプロジェクトの納期に不満を持っているわ。そのため、全員にトレーニングを受けさせようとしている。L&D部門が何を考えているかはわからないけれど、あなたには先手を打ってほしいの。プロジェクトマネジメントスキルを高めることに集中して欲しいと思ってる。あなたがその領域で向上したことを昇進承認チームに証明できるようにしたいのよ」。

　「どうすればいいんですか？」とジェイクは、少し感情を込めて尋ねた。彼は業績評価面談が、厳しい面談であることも理解していたが、自分のスキルを向上させるために学ぶことを厭わなかった。

「よくわからないけど、計画を立ててみましょう。まず、L&Dカタログから始めましょう」とジュリア。「HRのウェブサイトのどこかにコースリストのPDFがあるはず」。数分の検索の後、彼女はジェイクに、「ここに新しいプロジェクトマネージャーのためのコースがあるわ。それに申し込んでみたら？　あなたがプロジェクトマネージャーではないことはわかっているけれど、プロジェクトチームを率いるためには、最高のスキルを身に付けたほうがいいでしょう？」。

　「代わりに外部のコースを取ることはできますか？」とジェイクが尋ねた。

　「確かに、外部のコースの方が社内のコースよりも優れているかもね。他の候補者に差をつけることができるかもしれない。ただ、昇進の時期が来たら、あなたのファイルに追加できるように、必ず修了証を送ってください」。

　「私のプロジェクトマネジメント能力を高めるための何か他のアイデアはありませんか？　正直なところ、トレーニングを受けるのはあまり好きではありません」とジェイクは認めた。「家で自分で勉強して、本を何冊か読めばいいのかな？」。

　「ジェイク、いいアイデアね。PMIの資料を探してみてください。世界的なプロジェクトマネジメントの認定団体だから、あなたにぴったりのものがあるはずよ」。ジュリアはしばらく考え込んでいた。「良いPMを知っていれば、その人とつないで、コーチングを受けられるようにしてあげたいけど、誰も思い浮かばないわ。あなたならできるはずよ、ジェイク。ただ、プロジェクトを期限内に完了させればいいのだから。そのために何で学ぶかは気にしません。あなたは賢い人だから、きっと解決するわ」。

　「そうですね」と、彼は笑顔で敬礼をした。「よし、やるぞ！」と宣言した彼は、ノートを持って手を振りながら会議室を出た。

課題：OK-LCDモデルのラーンアクションは、ジュリアとジェイクにどのような変化をもたらすでしょうか？　この章を読み進めながら、これらの問題にどのように対処すべきか、自分の意見をまとめてください。

　・学習者の多様な学び方をサポートするために、より幅広い進路を提供
　　するにはどうしたらよいでしょうか。

・社内の学習資産の質に対する従業員の信頼をどのようにして築くことができるでしょうか。
・個人の学習ニーズに合わせて、学習教材をカスタマイズするにはどうすればいいでしょうか。

アクションの説明

　「ラーン（学び）アクション」は、L&D担当者がどのようにしてモダンラーナー（現代の学習者）のニーズをより簡単に満たすことができるかをテーマにしています。モダンラーナーは、刻々と変化する環境の中で素早く学習する必要があり、答えを得るためにさまざまなリソースにアクセスする人のことです。これは、今日の仕事の世界におけるL&Dの顧客を広く定義しています。ミレニアル世代やZ世代も含まれますが、そういった最近の世代だけではありません。デジタルツールも含まれますが、それだけではありません。今の学習者は、画一的な学習ソリューション以上のものを求めています。

　さてあなたは、研修クラス、eラーニングコース、書籍、メンタリングプログラム、認定プログラム、ウェビナー、バーチャルインストラクター主導型トレーニング、ブログなど、学習者自身にとって「最適な」学習リソースを案内する人になりたいと思っています。しかし、世の中にさまざまなリソースがある中で、学習者がどのリソースを評価し、使いたいと思うのかをどうやって見極めるのでしょうか？

　このセクションでは、OK-LCDのアプローチと一般的なL&Dのターゲット層分析のアプローチとの違い、ラーンツールの一部である学習者ペルソナ設定のテクニックの価値、ペルソナ作成のためのガイドラインについて説明します。

アプローチ方法の比較：
ターゲットオーディエンスから学習者ペルソナへ

　一般的なADDIEプロセスでは、ターゲット層の理解は「分析」段階の一部です。プロジェクトによっては、インタビューやアンケート、さらにはジョブシャドウイングなどを行い、対象となる学習者を徹底的に分析します。また、デザイナーが数人のSMEと、学習者や関係者と話をすることもあります。対

象となる学習者については、プロジェクトスポンサーから説明を受けるか、L&Dの過去の経験に基づいて説明を行うのが一般的です。最終的には、学習資産の設計と開発の指針としての対象学習者（ターゲットオーディエンス）を、強固な単一体として説明します。

　対照的に、OK-LCDモデルでは、学習者の理解にアクション全体を割いています。「ラーン（学ぶ）アクション」では、学習者の背景や学習を必要としているタイミングについて、さまざまなデータを深く掘り下げて収集します。そのデータを分析し、明確な違いを見つけ、複数の学習者のペルソナを作成していきます。そして、どのペルソナの行動が変化すれば、望ましいビジネス成果に比例して大きな影響を与えるかを特定します。「ラーン」アクションは、「チェンジ」アクションで特定されたパフォーマンス目標に大きく影響され、それによって対象となる学習者グループを学習者ペルソナにセグメント化します。

　学習者のペルソナとは、属性を超えて、対象となる学習者グループのサブグループの行動、態度、日常生活にまで踏み込んだ説明的なストーリーであり、ラーニングクラスターのデザインに影響を与える可能性のあるものです。

　その違いを示す簡単な例をご紹介しましょう。あなたは、ある製造業の企業から、新しい安全戦略に関するトレーニングプログラムの開発を依頼されました。対象となる学習者グループは、世界中のさまざまな製造工場でこの安全戦略を適用する必要のある、全社の安全管理リーダーです。この２つのシナリオを読みながら、学習者が「自分にとって最適」と言うような学習資産を提供できる可能性が高いのはどちらかを考えてみてください。

・シナリオ１：

　　あなたは、安全管理リーダーが新しい安全戦略に関連するすべての内容を確認するクラスをデザインしました。クラスには、学習者が新しい安全戦略を実践するためのロールプレイ活動が含まれており、また、この新しい戦略をどのように実施するかについて互いにアイデアを出し合うこともできます。学習した内容を職場で確実に生かすために、参加者全員に持ち帰り用のジョブエイドを提供します。

・シナリオ２：

　　あなたは、安全管理リーダーの母集団をさらに深く掘り下げ、製造工場の種類によって安全ハザードの種類が異なることを発見しました。さらに、文化的にも大きな違いがあることに気がつきました。ロールプレイやソーシャルラーニングのアイデアを盛り込んだクラスを作りますが、違いを考慮して、参加者がどのタイプの工場から来ているかに基づいてコンテンツセクションにタグを付けます。研修担当者は、特定のクラスで学習者が遭遇するであろう安全上の危険に基づいて、どのセクションを含めるかを選択することができます。これにより、全員にすべてを教えるのではなく、関連する危険性のみに焦点を当てることで、授業時間を短縮することができます。次に、文化的な違いに対応するために、ロールプレイのバリエーションを作成し、世界各地で研修を行う際に、受講者の文化的なニーズの違いに合わせてそのバリエーションを調整する方法をトレーナーに指導します。また、教室の外でも、特定の場所で役立つジョブエイド以外の学習資産についても考え始めます。まとめた結果をご覧ください（図4-1）。

図4-1　2つの学習者シナリオの比較

	シナリオ1	シナリオ2
アプローチ	ターゲットオーディエンス 安全管理リーダー	ターゲット・ラーナー・ペルソナ 東西文化ごとの安全管理リーダー、化学プラントと機械プラントと発電所の安全管理リーダー
学習デザインのアイデア	すべてのリーダー ・ロールプレイ ・ブレインストーミングでアイデアを出し合う ・物理的なジョブエイドを持っていく	場所やトレーナーによって ・特定のハザードコンテンツを使用し、他は入れない ・より学習への参画と学習効果を得るためのさまざまなロールプレイの実施 ・場所ごとに特定のジョブエイドや資産を提供

　　1つのターゲットオーディエンスと、少数の学習者ペルソナ、どちらのシナリオがビジネスゴールに向けて最も効果的だと思いますか？　どちらのシナリオが、L&D製品の品質に対するロイヤリティと信頼性を高めると思いますか？

ペルソナの価値

　　ペルソナという言葉はマーケティングから来ています。マーケティング担当

者は、顧客のマインドセットに合わせてペルソナを構築します。そうすることで、マーケターは、ターゲットとなる顧客の多様性に共鳴する製品を設計することができます。ペルソナを使うことで、お客様が製品を購入し、楽しんでくれる可能性が高まります。製品を使用することで、お客様はニーズを満たしたり、抱えている問題を解決したりすることができます。これは、あなたにとっても必要なことだと思いませんか？

　従業員が「製品」を選び、「製品」が役に立つと感じ、最終的には能力やパフォーマンスの課題を解決するために「製品」を使用してもらう必要があります。ターゲットとする学習者グループの規模、在職期間、職務、勤務地などの一般的な属性データだけでは、適格に使用される学習資産を設計するための学習者に関する十分な情報は得られません。調査によると、L&D担当者が顧客の考え方をより深く理解することが重要であるとわかっています（図4-2）。

図4-2　学習者のニーズを満たすためにL&Dはどうしているか？

あなたは知っていましたか？

36%
の従業員が、提供された研修が自分の特定の職務やキャリアパスに関連していないと感じている

33%
の従業員が、現在のトレーニングプログラムは生産的な時間の使い方ではないと答えている

33%
の従業員が、研修で使われた資料は、面白くない、興味をそそらないと答えている

そして、これらのことは、従業員がいつ、どこで、どのように学んでいるのかに対する答えを見れば、驚くべきことでもありません：

56%
必要になった
時に学ぶ

30%
休憩時間や昼
食時に学習

28%
出勤・帰宅時など
通勤時に学習

　Elucidat社の調査によると、従業員が学習のために確保している時間はわずか１％であり、学習は仕事の流れの中で行われる必要があります（Greany 2018）。しかし、L&Dは従来、対象者が研修クラスにいるときやコースを受講しているときだけを考慮してきました。ラーンアクションは、学習者のパーソナリティごとに大きく異なる可能性のある「学習のとき」をよりよく理解することに役立ちます。学習者が必要とするものを必要なときに提供すれば、学

習者は自社の学習「製品」を大切に思い、社内で設計されたトレーニングが「自分にとって最適」であることに同意するでしょう。

ペルソナ作成のためのガイドライン

これらのペルソナを作成し、選択するためには、戦略的パフォーマンス（業績・業務）目標を参考にします。対象となる学習者グループを分割する方法は無数にあります。私たちが望むのは、戦略的パフォーマンス目標に示されたギャップを埋めることができると最も確信できる学習者のペルソナに焦点を当てることです。

ターゲットとする学習者グループの主な違いを理解したら、それぞれの学習者ペルソナの日常生活や視点を調査し、意味のあるストーリーを書くことで、その結果をラーニングクラスター開発に使えるデータに変えていきます。最も意味のあるストーリーとは、学習資産の利用や学習の移転（ラーニングトランスファー）に影響を与える要因を示すものです。「彼らは何を知る必要があるのか？」「彼らの仕事の流れはどのようなもので、その仕事の流れの中でどのようにすれば最も適切な学習ができるのか？」「彼らはいつその学習を必要とするのか？」「学びたいとき、学ぶ必要があるとき、彼らはどこにいるのか？」

これらは、このアクションが探究しようとしている質問のほんの一例です。

学習者のペルソナ作成は、一般性と特定性のバランスをとるアートです。学習資産を賢く選択するためには十分な情報が必要ですが、ペルソナの数が無限に増えてしまうほどの情報は必要ありません。学習者のペルソナは、通常３〜５種類ですが、ターゲットとする学習者グループの80〜90％が当てはまるような一般的なものでなければなりません。

実践編

クリスタルは、学習者のペルソナがイニシアティブの結果に決定的な違いをもたらしたさまざまなクライアントに遭遇しました。ある製造業のクライアントは、新しいワークプロセスの導入に伴い、アセッサーという新しい役割が必要になりました。アセッサーの仕事は、この新しい作業プロセスの導入に向けた現場の進捗状況を判断、評価することでした。研修では、この新たに任命されたアセッサーのスキルアップに焦点を当てること

になりました。

　クリスタルは、プロジェクトの戦略的学習目標を策定する際に、ビジネスリスクを特定しました。

　もしトレーニングで全社的な評価の標準化が行われていなければ、時間の大きな無駄になります。もしアセッサーがサイトごとに異なる評価、つまり「グレード」を提供していたら、結果的にコミュニケーションが途切れ、サイト間でネガティブな競争が起こり、混沌とした状態になってしまったと思われます。それは、高校である先生がA評価をした作品を、別の先生がC評価するようなものです。会社は、アセッサー業務のための統一された評価方法を必要としていました。

　クリスタルは、学習者のペルソナという考え方を紹介し、標準化された評価にリスクをもたらす可能性のある人を見極めるためにインタビューを始めました。最初の直感では、場所と既存の作業プロセスへの精通度が大きな要因になると考えられました。もし彼らが仕事のプロセスを十分に知らなければ、標準的な方法で判断できないかもしれません。また、場所が違えば、評価結果の伝え方に文化の違いが出てくるかもしれません。クライアントの協力を得て、彼女は複数の地域のさまざまな現場の人々にインタビューを行いました。

　その結果、評価に影響を与えることの１つとして製造現場の大きさが重要な要素であることがわかりました。現場の規模は、アセスメントの実施に必要な時間に影響し、アセスメントの複雑さと相関していました。また、L&Dチームがこのグローバルプロジェクトで懸念していたことは、会社での経験年数などでしたが、それはそれほど重要ではないこともインタビューで明らかになりました。また、学習者のペルソナに基づいて、より複雑な現場での評価者には、必要な時点で助けとなる追加の学習資産を利用することが推奨されました。会社はこの洞察力を高く評価し、製造現場の大小にかかわらず学習者にもメリットをもたらされました。

実施したアクション

「ラーンツール」では、プロジェクトに必要な学習者のペルソナを作成する

ための５つのステップを説明しています。学習ツールの最終的な目標は、**戦略的パフォーマンス（業績・業務）目標**を達成するための重要なペルソナについて、短いストーリーを作成することです（「チェンジアクション」より）。これらのストーリーには、学習者間の主な違いが記述されており、その違いが強調されることで、異なる学習資産の使用を促すことができます。図4-3は、このツールの略図です。以下は、これらのステップのハイライトです。

図4-3　**学習者ごとの違いを学ぶツール（概略）**

1. すでに知っていることをまとめる

2. 学習者ごとの違いをより掘り下げる。必要な情報とその入手方法を特定する

3. 学習者ペルソナのプロファイルを作るための分析をする（以下は、推奨されるカテゴリー）
   - ・ペルソナ名
   - ・主要な属性の違い
   - ・主要な学習ニーズの違い
   - ・主要な職場生活の違い
   - ・主なパフォーマンスギャップの違い
   - ・学習が必要とされるタイミング

4. 学習者ペルソナのストーリーを作成し、ペルソナ名とアバターを設定する

ペルソナ 1：ラックスサム	Persona 2：
ラックスサムは、数年の経験を持つ一般社員。彼の時間管理についての最大の課題は、（トレーニングを含めて）オーバーブッキングしていることと、自分が行うべき仕事の規模を理解する手助けとなるシステムを使っていないこと	

5. ペルソナを使って学習資産の選択と設計を行う。アセットのアイデアをここに列挙する

Persona 1：＿＿＿＿	Persona 2：＿＿＿＿
・ ・ ・	・ ・ ・

　まず、**すでに知っていることをまとめます**。このグループとの過去のプロジェクトから得た情報であれ、プロジェクトスポンサーから提供された情報であれ、これらの情報は「ラーン」アクションの良いスタートとなります。特に重要なのは、「学習者グループの中で誰が最も懸念を抱いているか、誰がこのパフォーマンス改善から最も恩恵を受けるか」という質問に対する答えです。次のステップは、質問に対する答えを得た、または、あなたの仮説を検証するかということになります。

２つめは、**より深く掘り下げること**。深掘りする前に、作業内容をマップにします。マップは２種類あります。まず、必要と思われる情報をマップに書き出し、その概要を説明し、次にデータを効率的に入手するための計画を立てます。「ラーン」ツールは、さらなるアイデアやサポートを提供します。ここでは、L&Dの学習者分析で必ずカバーすべきことを簡単に紹介します。

・このトレーニングを最も必要としているのは誰か？　組織の業務目標の達成を妨げているのはどういう人か？　（備考：チェンジアクションのワークに基づいて、すでにいくつかのアイデアを持っているかもしれません）
・トレーニングや学習に対する典型的な反応：好き、嫌い、すでに知っている、快く思っていない。
・仕事で使用している主なテクノロジー：学習資産やパフォーマンスサポートのために使用しているもの。
・好みの学習方法：研修クラス、eラーニング、ビデオ、セルフアセスメント、専門家から話を聞く。
・職場生活の違い：裁量時間の大きさ、学習のためのネットワーク環境、学習に最適な時間。
・学習が必要なタイミング：新しいことを学ばなければならないとき？　より多くのことを学ばなければならないとき？　変更や変革が生じているとき？　学んだことを応用したり、トラブルシューティングが必要なとき、学習が必要とされる学習者のコンテクストは何か？

　３つめのステップは、**収集したデータの分析です**。これはとてもクリエイティブなステップです。付録２のラーンツール「ラーニング・ペルソナを作るためのナレッジ分析の技」（P229）というセクションを読むことをお勧めします。このステップでは、戦略的パフォーマンス目標の達成に大きな影響を与えそうなペルソナを中心に、ペルソナを特定し、名前とアバター（顔）を与えます。
　４つめのステップは、**ペルソナストーリーを作成**することです。つまり、学習者のペルソナについてのコミュニケーションを取りながら、そのペルソナがどのような人で、どのようなことをしているのかを図解したストーリーにまで煮詰めて、明確にします。繰り返しになりますが、このステップはアートの一部であり、私たちの経験では、L&Dの専門家は、意味のあるエッセンスを抽

出するのが非常に得意です。ペルソナを主要なステークホルダーで検証することは重要な意味を持ちます。グループの特徴を上手く表現できたでしょうか？また、より多くの情報を得るために必要なデータが不足していませんか？　利害関係者に確認することで、学習製品（プロダクト）とその品質に対する組織内の他の人々の信頼を継続的に築くことができます。

　最後のステップは、**学習者のペルソナのニーズを満たすものを特定**することです。ペルソナワークを利用して、「アップグレード」と「サラウンド」のアクションを始めましょう。新たに明確になった学習者のペルソナを頭に思い浮かべながら、どのようなタイプの学習資産が彼らにとって最も魅力的なのかをリストアップし、仮想L&Dストアの棚からこれらの学習製品を選びたくなるようにします。

　これらの資料はきれいにまとめることができますので、個々の学習資産の詳細な設計や開発を行う際に利用することができます。ある企業では、多数の学習者のペルソナを作成し、ペルソナのカタログにしています。しかし、カタログ的なアプローチには注意点があります。ペルソナは、戦略的パフォーマンス（業績・業務）目標との関係に基づいて検討しなければなりません。

　問題や目標に応じて、ペルソナのグルーピングの性質は大きく変わります。今回のラーンアクションでは、SPOのレンズを参考にしてみてください。

実践編

　スラヴァニ・タマラジュは、VISAのテクノロジーおよびオペレーション部門の社員の入社プロセスを担当しています。オンボーディングプロセスを再設計する際、彼女はOK-LCDモデルとデザイン思考を組み合わせ、とても良い結果を得ました。具体的には、「ラーン」アクションにおいて、共感インタビューの手法を用いて、学習者や関係者の心に直接響くものは何かといった学習者に関する情報を収集しました。そのプロセスを経て、彼女は、「デザイン思考の手法から得られるのは、多くのデータポイントであり、それらのデータポイントはいたるところに散らばっていることに気づきました。クラスターデザインを学ぶことで、学習体験の定義を明確にすることができました。それによって、データポイントが最も効果的な方法で利用されているかどうかを確認するのに役立ちました」と話してい

ます。

　スラヴァニ氏の話は、他の学習デザインプロセスを、OK-LCDモデルと互換性のあるパートナーツールとして使用し、学習者にとって価値のある「製品」を提供する素晴らしい例です。第7章の「実践編（VISAの実例）」（P169）におけるトラックアクションにあるように、学習者の反応は見事なものでした。

アクションのインパクト

　ラーンアクションの効果を得るためには、いくつか考え方の転換が必要です。L&Dが利用可能な場所や時間を最初に優先するのではなく、学習者が学習を必要としている瞬間／タイミングに優先的にアプローチする必要があります。次に、学習の必要なタイミングが異なる学習者グループセグメントがあることを認識します。一度これらを遂げれば、他への移行は容易です（図4-4）。

図4-4　ラーンアクションのOK-LCDモデルによるマインドセットの変化のまとめ

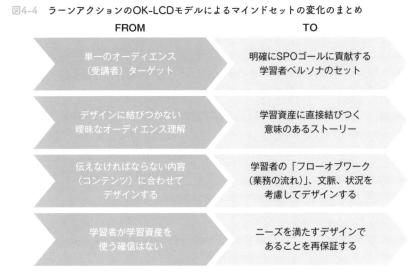

FROM	TO
単一のオーディエンス（受講者）ターゲット	明確にSPOゴールに貢献する学習者ペルソナのセット
デザインに結びつかない曖昧なオーディエンス理解	学習資産に直接結びつく意味のあるストーリー
伝えなければならない内容（コンテンツ）に合わせてデザインする	学習者の「フローオブワーク（業務の流れ）」、文脈、状況を考慮してデザインする
学習者が学習資産を使う確信はない	ニーズを満たすデザインであることを再保証する

　ラーンアクションを通じて心すべき目標は、戦略的学習目標によって示されたビジネスKPIと業務での行動目標を満たす一連の学習資産を設計することで

す。統計やいくつかの属性によって定義されたターゲットオーディエンスに留まるのではなく、意味のある学習資産を考えることにつながる重要なデータを得たいのです。そして、次のアクションに進む際には、これらの学習者のペルソナを中心に据えて、学習者中心のソリューションを推進していきます。

　ラーンアクションの威力は、学習者の考え方を理解することによって、より彼らを学習に惹きつけ、適切な「製品」で学習ニーズを満たすことができる可能性が高くなることです。学習者のペルソナを作る作業は、「このデザインがなぜうまくいくと思うのか？」という疑問に対する答えです。

実践編

　ブルースケープ社のL&Dリーダーであるロク・ニュエン氏は、学習者ペルソナを使い始めてから、同社のソフトウェアトレーニングのアプローチを完全に変えました。多くの研修担当者がそうであるように、彼らもまた、学習者ではなく設計者にとって重要なことに基づいて受講者を定義するという罠に陥っていました。「基本的に、私たちは学習者を、『まったくの初心者』、『中級者』、そして『ブルースケープの専門家』と考えていました」とニュエンは言います。

　OK-LCDモデルを初めて適用したとき、彼らは学習者が達成しようとしているオン・ザ・ジョブ・パフォーマンスを考えました。すると、スキルレベルはまったく関係がないことがすぐにわかりました。

　「以前は、役割に基づいて検討していませんでしたが、OK-LCDを適応して、スキルレベルの違いは必ずしも重要ではないことがわかりました。例えば、あなたが経営者であれば、純粋に情報を使う権限を持っていなければなりませんし、運用管理者であれば、権限の設定方法を知っている必要があります。初心者か上級者かはあまり関係ありません」。

　役割と仕事上の望ましい行動に基づいてペルソナを再定義した後、ニュエン氏と彼のL&Dチームは学習資産の選択と設計を始めました。今日、彼のチームがよくする質問は以下のようなものです。

　　・なぜこれを作っているのか？
　　・顧客はいつこれを見るようになるのか？

・顧客がこのコンテンツに駆け込むことはあるのか？

・そこから何を得ようとしているのか？

　「私たちは、学習者の立場に立って、もし私がここでこのような状況に遭遇したとしたら、この学習資産を使って何ができるだろうかと考えています。学習者は、さまざまな方法で配信されたコンテンツの貯蔵庫全体にアクセスできるようになります」とニュエンは言います。「学習者が自分にはこれだけのものが用意されているということを認識できれば、彼らは必要なときにいつでも学習する力が与えられていると感じることができるでしょう。そして、コンテンツは彼らの状況に合ったものになります」。

　学習者のペルソナに取り組んだことで、ブルースケープ社の学習プラットフォームの入り口の顔も変わりました。「これまでは、初級、中級、上級とセクションが分かれていましたが、今ではプロデューサー、プレゼンター、コンシューマーと分かれています」とニュエンは言います。「そのアイコンをクリックすると、ブルースケープのエコシステムの中で、その機能に最も適した資産につながります」。

　ペルソナを作成したことによる意図しなかったベネフィットは、ニュエンとL&Dチームが提示したラーニングクラスターへの賛同を得たことでした。この新しいアプローチでは、お客様にどのようなメリットがもたらされ、どのように使われるのかが一目瞭然だったからです。ニュエン氏のチームメンバーであるジョン・クインは次のように言っています。「セールスキックオフでペルソナを提示したときに、容易に賛同を得られた理由の１つは、人がそれをどのように使うのかについて理にかなっていると感じたからだと思います。作られたペルソナに対して誰もが共感できたのです」。

　ラーニングクラスターの作業は非常に質の高い「製品」を生み出したため、ニュエンのリーダーシップチームは、学習資産をブルースケープ社の新製品にすることを検討しています。この場合のトレーニングは、無料で共有するのではなく、外部の顧客にも提供するため、ビジネスを成長させるチャンスになると考えられています。

ブルースケープ社の例は、ペルソナのインパクトとパワーを示しています。学習者のペルソナの影響は、より良いデザインのアイデアから、より多くのスポンサーの獲得、そして最も重要なことですが、学習者に対してよりポジティブな影響を与えることにつながります。しかし、ペルソナを使用する際には、モデルの全体像を把握することが重要です。ニュエン氏と彼のチームは、戦略的パフォーマンス（業績・業務）目標から得られた現場での行動に関する洞察がなければ、あのような確固たる結論を導き出すことはできなかったでしょう。ペルソナを作っただけでは何もできません。ペルソナは、次の章で説明するように、戦略的パフォーマンス目標や、OK-LCDモデルの残りの部分と一緒に使用することによって効果的を発揮します。

ファイナルノート

　この章では、L&Dが、単一のターゲットオーディエンスの分析から、複数の学習者ペルソナの開発へと、本質的なシフトを行う必要があることを示しました。L&Dにとって重要な考慮事項に関連する学習者ペルソナを持つことで、複数の学習資産の設計を推進するために必要なデータを得ることができます。

　学習者に最高の学習体験を提供するためには、優れたマーケターが行うように、学習者のマインドセットやコンテクストを深く理解する必要があります。ニュエンやスラヴァニのように、ラーンアクションの理念を取り入れ、ラーンツールを自分のツールボックスに加えることで、あなたの学習者ペルソナのニーズに合った学習資産を設計・開発することによって、従業員やビジネスに大きな変化をもたらすことができるでしょう。

◆現在、ターゲット層の分析はどのように行われていますか？ そのプロセスのどこが気に入っていますか？ OK-LCDモデルとラーンアクションを採用した場合、どのような点が変わると思いますか？

◆「学習者ごとの違いを『学ぶ』ラーンアクションとそのツール」で示されている学習者ペルソナの概念を行動に移すために、何が最も役立つでしょうか？

◆学習者のペルソナを作成することで、学習の取り組みにどのような違いが生まれるのでしょうか？

◆この章の最初に出てきた「L&Dのよくある話」の登場人物が抱えていた問題を考えてみましょう。OK-LCDモデルは、次のような問題に対して、どのような変化をもたらすことができるでしょうか？
・学習者をサポートする複数の学習経路の提供
・社内の学習資産の質に対する従業員の信頼を高めること
・個人の学習ニーズに合わせて学習資産をカスタマイズすること

適 用

◆あなたが最近取り組んでいる学習イニシアティブを考えてみてください。チェンジアクションの最後に作成した戦略的パフォーマンス目標を見てみましょう。対象となる学習者グループについて、すでに知っていることは何でしょうか。
・学習者を分類するための包括的なカテゴリーには、どのようなものがあると思いますか？
・学習者グループに関する有益なデータを集めるために、どのような計画を立てることができますか？
・学習者のペルソナやペルソナストーリーの妥当性をどのように検証しますか？

◆付録2（学習者ごとの違いを明確にするツール）を見るか、LearningClusterDesign.com/Book-Bonusにアクセスしてください。現在または最近のプロジェクトについて各項目を記入し、より深い実践と洞察を得ましょう。

5 スタートダッシュを決めよう！既存の学習資産のアップグレード

ラーン
学習者ごとの
違いを学ぶ

チェンジ
業務上の行動を
変える

サラウンド
意味のある学習資産で
学習者を取り囲む

トラック
すべての人の変化
結果を追跡する

アップグレード
既存の学習資産を
アップグレードする

　モダナイズするための一般的なアプローチは、今あるものを捨ててゼロから始めることです。最新の**学習資産**を導入する一方で、散在している古いプログラムはそのままにしておくというアプローチもあります。本章では、より迅速なアプローチを説明します。「既存の学習資産をアップグレード」するというアクションでは、本章で説明する9つの要素を選択的に統合することによって、既存の重要な、あるいは注目度の高い学習プログラムを再利用して学習をモダナイズしていきます。過去の取り組みを活用することで、目に見える形で迅速にモダナイズを進めることによって、他のアクションに時間を割くことができます。

５年前、10年前には技術的な選択肢が少なかったため、当時のテクノロジーに応じた大量のトレーニングクラスやeラーニングコースを作成したり、収集していました。しかし、時間が経つにつれて、魅力のない配信方法、古いグラフィック、静的なコンテンツ、または単に退屈なデザインなどは、古くなってしまったものはないでしょうか。

> **アップグレード**
> 既存の学習資産を
> アップグレードする

　第１章でも述べましたが、研修・トレーニング部門の中には、やや「厳格的」または「コア回帰」的なメンタリティーがあり、それをベースにモダイナイズに取り組んできた傾向があります。時として、研修のモダイズをとても困難なこととみなし、結果として今までの学習資産をそのまま提供し続け、組織からも同じように不本意な評価と認識を受け続けている研修部門もあります。

　一方で、「流行に乗る」という考え方をする組織もあります。新しいテクノロジーが登場するたびに投資し、既存のプログラムにライブラリをどんどん追加していき、従業員に、その雑多なライブラリからの選別を任せるといったやり方です。そのような状態をこのように表現している従業員の声があります。

　「素晴らしいトレーニングが満載の倉庫に案内されたが、そこには照明がなく、必要なものを探すための懐中電灯しかなかった」と。

　しかし、研修・トレーニング部門が、このどちらかである必要はありません。既存資産の「アップグレード」アクションでは、学習プログラムを未来につなげるための戦略と、第６章で説明する「サラウンド」アクションにつながる洞察が得られます。

　この章では、アップグレードアクション、現代的、モダンな学習の９つの要素、そしてこのアクションを実現するための実装プロセスについて知っていただきたいと思います。

L&Dのよくある話

[登場人物]

CHRO	CLO	L&D Manager	L&D Manager	L&D Employee
Chris	Marissa	Digital Design	Traning Delivery	Elaina
（クリス）	（マリッサ）	Jon （ジョン）	Ruby （ルビー）	（エレーナ）

場面：マリッサはジョンとルビーと一緒に、週に一度のチームミーティングを行っています。彼女は苛立ちを募らせています。

　マリッサは、ジョンとルビーに向かって、「クリスが、再度、ラーニングモダナイズ計画の予算を要求しています。彼女に『もう手一杯です』と言い続けることは、もうできません。私たちも、なんとかそれを実現するための戦略を考える時期に来ているのだと思います」と言った。

　「え、でも、私たちは、新しいLMSを購入したばかりですよね」とジョンは言う。「来月には新しいポータル "For You University" と一緒に立ち上げます。それで十分じゃないんですか？」。

　「それに、コンプライアンスのためのeラーニング研修やコア・ディベロップメント・クラスもすべてLMSに入力しました」とルビーは付け加える。「各社員がオンラインで自分に合った必修・選択科目のリストを見ることができるようになれば、十分モダンなものになりますよね？」。

　「覚えてますか？　LMSのデータベースにあるコースやクラスの数、膨大ですよ！」と声を大にして言った。「L&Dコース開発の10年以上の歴史を表わす数です。どのコースをどうモダナイズするかも慎重に判断しなければなりません。一朝一夕にはできません！」と少し憤慨していた。

　「そうね」とマリッサは答えた。「仕事に圧倒されないよう、アップグレードするものも慎重に選ばなければならないし。それに、LMSの導入については、チーム全員が素晴らしい仕事をしてくれました。このLMSは、退職者インタビューや従業員アンケートで何度も出てきた『もっとトレーニングや開発の機会を増やしてほしい』という従業員の要望に応えるものよね。でも、利用可能なコースのリストを見せるだけでは、L&Dプログ

ラムや当社での開発機会に対する従業員の意識が変わるとは思えません。eラーニングコースの約40%、クラスルームプログラムの約25%について、クラス終了時のアンケートで従業員の評価が基準値を下回っています。エレーナに分析を依頼した調査結果によると、従業員の大半が、当社のトレーニングコースはつまらない、時代遅れだ、業務パフォーマンスで成功するのに役に立たない、と感じているようです」。

　「では、どうすればいいんですか？」と、ジョンは声を荒げた。「全部破棄して、最初からやり直す？　そんなの現実的じゃない」。

　「一体モダナイズが意味することは何ですか？」とルビーが尋ねた。「今にあった、モダナイズされたクラスって、どのようなものなんですか？」。

　マリッサは、ちょっと圧倒されたようにため息をついて、「正直、わからないわ。でも、私たちのスタッフでさえ、それを感じているわ。彼らも何かの形で、モダナイズされた世界で仕事したいと。私にメールを転送してきて、この新しいアプリを追加してはどうか、この新しい技術的ソリューションを追加してはどうかと提案してくる人もいるし。選択肢はたくさんあります。どれが労力とお金をかける価値のあるものなのか、まだ私にはわかりません。それに、今あるものを廃棄して一から作り直すのも嫌だしね。今のLMSには良いものもあって、私はそれを失いたいとは思いません。ただ、現在のトレーニングプログラムを『21世紀』のものにしていく方法がわからないの」。

[課題]　OK-LCDモデルは、マリッサ、ジョン、ルビーにどのような変化をもたらすことができるでしょうか？　この章を読み進めながら、これらの主要な問題にどのように対処すべきか、あなた自身の意見を考えてみてください。

　・人員が不足している中で、どうやってL&Dの「モダナイズ」に取り組むか。
　・過去から積みあがっているビジネスには不可欠だけれども、評価の低いコースをどう「モダナイズ」処理するか。
　・たくさんの選択肢がある中で、どのようにテクノロジーを選ぶのか。
　・今、従業員やシニアリーダーが求める「現代的なもの」に応えるにはどうすればいいのか。

アクションの説明

このアクションでは、すでに持っている学習資産に「9つの要素」をほんの少し加えることで、学習教材を現在のニーズにあったものにアップデートします。このセクションでは、9つの要素（図5-1）を紹介し、それぞれの要素についての考察を述べます。

今日のテクノロジーやデジタルテクノロジーの考え方が盛り込まれた学習資産は、より楽しく、より魅力的で、よりモダンなものになります。しかし、すべての学習資産に資金とテクノロジーを投入するのでは非生産的です。このアクションには、それ以上に深いものがあります。どのテクノロジーを使うのか、いくつのテクノロジーを使うか、また、対面式のクラスや書籍など、従来の学習形態を好む学習者に対してはどうするか、といったことを考えていきます。

私たちは、大学や企業の学習者を対象としたオンライン調査やアンケート調査を通じて、学習者が「現代の」学習教材に求めるものを探りました。その結果、図5-1に示すような最新の学習教材によく見られる9つの要素がリストアップされました。

図5-1　現代の学習資産に共通する9つの要素

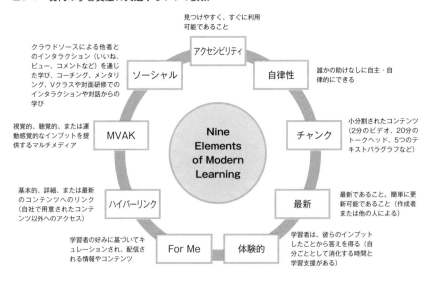

これらの９つの要素は、既存のプログラムを「モダナイズ」するために特定のテクノロジーを推奨しているということではなく、オンラインまたはオフラインのツールを追加するかどうかに関わらず、「現代」の学習デザインに求められる特性を示しています。特定のテクノロジーは、すぐに時代遅れになってしまう可能性があるため、L&Dに必要なテクノロジーを規定するのではなく、デジタル時代の学習者が求める期待と利益に焦点を当てることが重要です。そうすれば、単に次々と新しいテクノロジーを追いかけるのではなく、求められるベネフィットに合った「モダナイズ」テクノロジーを選択することができます。それによって、たとえそのテクノロジーが古くなったとしても、同じようなニーズを満たす新しいテクノロジーを選択することができます。モダナイゼーションの目的は、学習者の期待に応え、魅力的な学習体験を提供することなのですから。

９つの要素

　アクセシビリティの要素は、学習者が情報や学習教材を少しでも早く見つけられるように改善することです。必要な情報を探すのに10分もかかるようではいけません。例えば、定期的に開催される研修クラスはアクセシブルではありませんが、eラーニングクラスはアクセシブルです。しかし、eラーニングであっても、さらにアクセシビリティを高めることが可能です。学習者のペースを落とす要因を考えてみましょう。一例として、eラーニングコースにアクセスするのにマネージャーの承認が必要とか、必要なコンテンツにたどり着くまでに何度も何度もクリックしなければならないとか──この改善には、ナビゲーション可能なメニュー構造が必要です。アセシビリティ要素は、銀行、金融、医療、政府の極秘業務など、情報の安全性や気密性の保持に対する要求が高い業界では実現が困難な部分もあります。また、従業員がいつ、どこで、どのように仕事や学習ができるかを規制で厳しく管理している企業にとっても、実現は難しいでしょう。ですから、この要素を実現するのが難しい場合は、できる限り他の要素を重視してください。

　自律性の要素とは、学習者が自分自身で学習を行うことができることです。それは、eラーニングコース、本、ウェブサイトなどです。しかし、「自発的にやる」と「自分一人でやる」を混同してはいけません。自律とは自習を意味

することが多いのですが、チャットルームや専門家のリストを公開して、一対一のサポートを受けることもできるようにします。この分野の新しいテクノロジーとして、学習用のチャットボットがあります（AIとその学習への活用については、P105の「AI（人工知能）と9つの要素」を参照）。また、単にロケーションフリーな学習を提供するだけでは、効果的な学習にはなりません。遠隔教育を探求するムーアのTransactional Distance Learning理論によれば、教師と学習者の相互作用のレベルが下がるにつれて、学習者の自律性が高まる必要がある（Giossos et al.2009）と指摘されています。この要素で重要なのは、学習者が自分でコントロールできるようにすることと、その場で必要なことに集中できるように小分けにして学習できる道筋を提供することです。

　チャンクの要素とは、目の前の必要を満たすだけのものを人々に与えることです。チャンクの1つの側面は、時間です。どれくらいの長さが必要なのでしょうか。ビデオはほとんどの場合、1分から3分程度が最適だとよく言われています。深い内容の学習には20分から60分程度が適しています。ただし、ユーザーが中断した後にその場所に戻れるように、中断した場所をブックマークする方法の提供が必要です。読書の場合は、パラグラフをチャンク化します。ページは長くなりますが、テキストをより早く伝え、補強するためのグラフィックがあれば、より簡単に消化できます。エビングハウスの忘却曲線の研究では、必要に応じて頻繁に見直すことができるように、小分けにしておくことの必要性が強調されています。

　チャンキングのもう1つの側面は、コンテンツをどのように分割するかということです。チャンクの要素は、すべての学習資産が短くなければならないということではありません。没入型の体験はこれからの時代に必要です。例えば、生物学を学ぶ高校生から、交渉や意思決定などの複雑なソフトスキルを習得する企業研修生まで、バーチャルリアリティは、気が散らない没入型の学習環境を提供します。このような体験は、目的が明確であれば、非常に魅力的です。第6章の「サラウンドアクション」では、ラーニングクラスターにおける最新の学習資産のオプションについて説明しています。対面式のクラスの場合、コンテンツのチャンキングにも大きな違いがあります。5日間の新入社員プログラムがあるとしたら、教材を効果的なパート—デイ・セッションに分割する方法を検討します。調査によると、学習者が1日に効率的に学習内容を摂取でき

る量は限られています。時間を無駄にせず、必要な学習内容だけを提供するようにしましょう。

最新であるということは、状況に応じて即断即決でコンテンツを更新できる方法があるということです。例えば、クラス研修のトレーナーは、何かが変更された時、それに気づき、クラスの参加者にその変更を伝えることを簡単に行うことができます。その他の学習資産についても、変更が可能なシステムを使用することによって、ユーザーに対して、情報やコンテンツが最新であることを確証する必要があります。オンライン教材での簡単なアップデート方法の一例として、ユーザーがコメントできるシステムを追加・使用していて、ユーザーが情報が古いことに気づいた時にコンテンツの所有者に連絡する方法をフッターに記載するなどです。

アップデートの昔ながらのやり方と現代の例として、ウィキペディアと昔のブリタニカ百科事典との違いを考えてみましょう。ウィキペディアのようなシステムでは、一人の所有者がいるのではなく、更新機能を民主化し、事実確認と品質の維持を「群衆」に頼っています。このアプローチは、限られたリソースしか持たないL&D組織を助けるだけでなく、その機能がL&D部門を社内の知らなかった専門家と結びつけることも可能です。ペンタゴンで働く人が、私たちに言ったように「この建物のどこかにスキルやアイデアを持った人がいることはわかっている、そして、私たちが掲載している情報が古いことを知っている人たちにとっては、私たちのことを『なんだ、こんな情報を載せて……』とバカじゃないかと思っているかもしれないということも。つまり、私たちは、そういった情報をもった彼らがどこにいるのかを知らないだけなのだ」と。

体験的な要素とは、学習中にユーザーがとった行動によって得られる、さまざまな反応です。クラス内でのロールプレイやテーブルディスカッションなどがこれに当たります。また、エクセルのスプレッドシートを使った教材やeラーニングのコースなどでは、学習者の回答入力を受けて結果や応答を返すようなものもこれにあたります。eラーニングで「次へ、次へ、次へ……」とクリックするのも学習中の行為ですが、「クリックするだけ」のeラーニングコースは、体験型には該当しません。多肢選択式の回答方式で、その選択肢についての洞察（正解、または解説付きの不正解）を提供することは、その方向への

一歩です。機械学習やVR機能を使って、自分で「冒険」を選ぶアプローチを作り出すことも、現代の学習者に提供できる学習資産です。これらのプログラムは、その正解または不正解に基づいて、独自の学習パスを作成します。

「For Me」は、LMSが得意とする要素です。ユーザーはログインすると、自分が受講しなければならないコースや、興味のあるトピックに関する情報を確認することができます。しかし、私たちはもう少し先に進まなければなりません。学習者は、L&Dが提供するあらゆるリストを与えられるのではなく、「自分のために」学習経路が調整されて提示されることを望んでいます。さらに、多くのL&D部門は、要求されている非常に多くの研修を実施しなければならないため、部門が必要とする開発とのミックスが上手くされていません。もしあなたの職場もそうであるとすれば、どうすればこの状況を変えられるか考えてみてください。従業員がLMSのプロフィールに興味のあるトピックを設定し、新しいコンテンツが追加されたときにアラートを受け取ることはできるでしょうか？　あるいは、あるトピックについて興味・関心を示した従業員がそのトピックに関する記事を書いたり、LMSやブログ、その他の学習ページを通じて他の社員と共有することはできないでしょうか。

ハイパーリンクを貼ることは容易ですが、重要なのは、前提条件となる情報と、より高度な情報や拡張情報の両方へのリンクを提供することです。両方を提供することで、学習者は、前提条件となっているコンテンツでの学習をスピードアップしたり、学習時の好みや時間的制約に応じてトピックをさらに探求したりすることができます。優れたハイパーリンクは、別のウィンドウで開くなど、ユーザーが最初に見た場所に簡単に戻れるような仕組みになっています。しかし、壊れたハイパーリンクには注意が必要です。学習者を非常にイライラさせるものです。「このページは見つかりません」というようなエラーが出れば、もっと知りたいと思う気持ちはすぐに消えてしまいます。リンクが最新の状態で機能していることを確認するためのシステムを用意しておきましょう。

MVAKは、視覚、聴覚、運動神経系のインプットを含む、マルチメディアすべてを対象としています。現在、オーディオブックやポッドキャストが流行っているグループもあります。しかし、インタラクティブなインフォグラフィ

ックスや、ビデオゲームやVR環境でのマルチメディア体験の可能性も忘れて
はなりません。あなたの学習者は何を好むでしょうか？　戦略的なパフォーマ
ンス目標を達成するためには、何が最適でしょうか？　例えばソフトスキル向
上のためには、手順を聞くよりも人によるインタラクションを見る方が価値が
あるかもしれません。既存のコンテンツからマルチメディアを作成する方法は
いくつかあります。マルチメディア・デザイナーを雇う以外にも、学習者自身
に小規模なコンテンツの提供を割り当ててみるという方法も考えられます（ク
ラウドソーシング）。

　これにはいくつかの利点があります。学習者にとっては学習の強化につなが
り、学習者は通常の業務を超えた参画意識を感じることができます。L&Dは
学習資産をクラウドソーシングすることによって、将来的にも他の人が使うこ
とができる学習資産を得ることができます。このようなクラウドソーシングは、
L&Dのモダナイズに適した方法の１つでしょう。

　ソーシャル要素にはいくつかの層があります。ソーシャルとは、「人」を意
味します。現代の学習者は、他の人との対話を重視します。なぜなら、対話す
ることで学び、視野を広げることができるからです。あるトピックについて他
の人の意見を聞き、他の人の意見を集めてエキスパートの情報を検証したいと
も考えています。彼らは、仲間やSMEs（専門家）から洞察力を得ます。ソー
シャルは、対面式のグループ交流という形で得られることもあります。また、
コース、ブログ、本、ビデオなどについてのコメントや推薦文を読むことで、
コミュニティからの視点を得ることもあります。単独の学習コンテンツに付け
られた「いいね（サムズアップ）」や「よくない（サムズダウン）」の数からも、
学習者にとってのソーシャルインサイトを得ることができます。ソーシャルは、
質問や問題を抱えている人と、その答えを知っていそうな人をつなぐインフラ
を作ることで学習者の疑問や問題を解決することもできます。これは、メンタ
リングプログラムや "Ask the Expert " システムなどです。

AI（人工知能）と９つの要素

　人工知能はもはや遠い夢ではありません。その導入は加速度的に進んで
おり、あなたの組織でまだ導入されていないとしても、学習におけるAIが

さまざまな形で登場してきています。AIは、保存するようにプログラムされたデータソースによって、機械に対して、インプットされた情報を認識し、応答し、それを学習する能力を与えます（SAS 2019）。AIには主に、自然言語処理、画像認識、音声認識ソフトウェアの3つの技があります。それぞれの新しいテクノロジーと同様に、9つの要素に照らし合わせてテストし、学習者の役に立つかどうかを確認する必要があります。AIは多くの要素に合致しており、私たちの学習資産に貴重な付加価値を与えてくれると確信されています。

9つの要素のうち、「アクセシビリティ」「for me」「ハイパーリンク」の3つの要素は、「あなたにおすすめ」などの機能を通じて、AIによってプロセスされています。例えばYouTubeでは、検索フィールドで検索を開始したとき、過去に見たビデオのトップページ、そして今見たビデオの最後に、さまざまな方法で提案が表示されます。今使っているLMSにこのような機能があるのか、それとも今後のバージョンアップで搭載されるのかなど、9つの要素を絡めて確認するには、今が絶好のチャンスです。

AIは自律的な学習を高めることにも機能します。例えば、一般に新入社員が同僚などに尋ねるような質問がある場合、チャットボットによって対応し、より正確で最新の情報を提供することができます。また、出張の多い営業担当者のライフスタイルを考慮すると、市場に投入されたばかりの新製品教育なども、チャットボットとの対話を通じて効率的にスキルアップを図ることもできるでしょう。しかし、チャットボットは、学習用のデータがあってこそ成り立つものです。よくある質問に対する最初の回答が包括的でなかったり、さまざまな質問の仕方が考慮されていなかったりすると、ユーザーはフラストレーションを感じてしまいます。

最後に、AIはソーシャルラーニングにも力を発揮します。学習者が自分の学習プレイリストを作成して共有するのをサポートするAIもあります。L&Dのニーズ分析による学習レコメンデーションではなく、同じような状況にある同僚や自分の仕事に近い人たちによって作成、キュレーションされたカリキュラムを見つけることができます。このように、学習におけるAIテクノロジーの活用は進んでいますので、AIに関する知識の向上に取り組み、サプライヤーに相談しながら、既存資産のアップグレードにAIが含まれる可能性を理解するようにしましょう。

アクションのインパクト

　各要素の詳しい説明に入る前に、アップグレードアクションの利点を探ってみましょう。5つのメリットがあると考えています。学習効果の向上、L&D製品に対する好感度の向上、L&Dによる小規模レベルの新しいテクノロジーの探求、「サラウンドアクション」の際に役立つ洞察力の提供、そして最後に、「迅速なモダナイズ」です。

　まず、9つの要素の多くは、学習に関する最新の神経科学（ニューロサイエンス）の研究と一致しており、業務パフォーマンスをさらに向上させる学習資産を提供することに役立ちます。新しいメディカルテクノロジーのおかげで、研究者は実際に脳がどのように反応するかを以前よりも明確に見ることができるようになりました。研究者たちは、学習スタイルに合わせたり、反復回数を増やしたりすることで学習効果を最大化するといった古い理論を否定しています。さらに、脳の成長は一定の年齢で止まるわけではなく、「老犬」が新しい芸を身につけることも可能だということもわかってきました。

　第2に、このアクションは、今日の学習者の期待に応え、L&D部門の仕事に対してよりポジティブな評価を与えることにもつながります。今や学習者は、年齢や世代、地域を問わず、デジタル技術の恩恵を受けることに慣れています。9つの要素の大半は、このような期待の変化を反映しています。

　このような学習者の経験と期待の変化の例として、「アクセシビリティ」という要素を挙げてみましょう。玄関先に配達される新聞だけでニュースを知ることができたのは、もう昔の話です。図書館に行って、研究テーマに合った本を探すためにカードの一覧表を見る人もほとんどいません。また、服や日用品、食料品を買うために店に行くこともありますが、それさえも変わってきています。見つからない？　見つからなければ、オンラインで注文して、玄関先まで運んでもらえばいい……現代の人々は、電子メール、共有デジタルワークスペース、共有カレンダーなどのメリットを期待しています。そして、学習機会がより身近で簡単に見つけられることを学習にも期待しています。つまり、L&Dには、学習者がの期待と一致させる努力が必要であるということです。それによって、学習者（従業員）はより積極的になり、私たちが提供する最新の学習資産で学んだことに基づいて、職場での行動を変えることができるようになるでしょう。

第3に、アップグレードアクションは、新しいテクノロジーを小規模に検討する理由と機会を与えてくれます。新しいテクノロジーを試してみたいと思っていても、サプライヤーとの大きな契約はしたくないでしょう。その代わりに、ある特定の要素を改善するために、既存の学習教材をアップグレードするプロジェクトの一環として、そのテクノロジーを試験的に導入する契約を結びましょう。もし、そのテクノロジーがうまく機能すれば、それは素晴らしいことです。複数のプログラムが同じアップグレードの恩恵を受ければ、実績のある新しいテクノロジーを意図的に広く投資するためのビジネスケースを構築することもできます。

　第4に、アップグレードアクションは、第6章で説明するサラウンドアクションの迅速なスタートにつながります。モダナイゼーションのためのアイデアを考える過程で、L&D担当者はブレインストーミングをしたりしますが、その場では実行できないほどのたくさんの素晴らしいアイデアが出てきます。その時、私たちは、「そのアイデアをなくさないようにしてください。集めたアイデアは、『サラウンドアクション』の時に使いましょう。そうすることで、ポジティブな勢いを維持することができます」と言います。

　最後に、学習資産をアップグレードすることは、モダナイズに着手するための手っ取り早い方法であり、L&Dがそういった能力と資産をまだ持っていることを会社に示すこともできます。これは、低いところにある果物を選ぶようなものです。このレベルのモダナイズであれば、研修クラス全体を再構築する必要はありませんが、その価値は、過小評価できないレベルのモダナイズをもたらします。

　図5-2には、従来のインストラクショナルデザインから今回のアクションでOK-LCDモデルに移行する際に、あなたの考え方や行動に必要な変更点が書かれています。

図5-2　アップグレードアクションのマインドセット変更のまとめ

FROM	TO
モダナイズのための モダイナイズ	SPOと学習者ペルソナにとって 意味のあるモダンな要素を 意図的に選択する
古い学習資産を捨てて ゼロから始める	過去の努力やノウハウを デジタルマインドセットの ニーズに合わせて活用する
手に負えないと感じる	明快さを感じる
すべてを自分でデザインする	目的の再設定と クラウドソーシング

OK-LCDストーリー

[登場人物]

| CLO
Marissa
（マリッサ） | L&D Manager
Digital Design
Jon（ジョン） | L&D Manager
Traning Delivery
Ruby（ルビー） | L&D Employee
Edwin
（エドウィン） |

場面：マリッサは、L&Dマネージャーチームのルビーとジョンから、既存の取り組みの中でも重要なオンボーディングプログラムをどのようにモダナイズするのかに関しての最新情報を得ました。

　「オンボーディング・トレーニングのモダナイズは順調に進んでいます」とルビーはマリッサに言った。「まずは、社史のセクションをLMSに載せて、よりアクセスしやすく、自律的に学ぶことができるようにしています。ジョン？　あなたのチームはもうそのスライドショーを読み込む機会がありましたか？」

「来週の予定です」とジョンは答えた。「オーディオファイルは、LMSと互換性を持たせるために、異なるフォーマットに変換する必要がありました。でも問題ありません。トレーナーにボイスオーバーをさせたり、スライドにキャプションをつけたりしているのがいいですね。それだと会社の障害者雇用の目標にも貢献しています。とても簡単です。新入社員は、トレーナーの声を聞いて驚くのではないでしょうか！」。

　マリッサは、「ルビー、社史全般が自習で行われるのはちょっと不安だわ」と言った。「私たちの会社の歴史は、私たち共通の文化の基盤の一部ですから。対面でやった方がいいんじゃないかしら？」。

　「私も最初はそう思っていました！」とルビーは答えた。「でも、ラーンアクションの研究の一環として、学習者のペルソナを構築するために、従来の研修プログラムを終えたばかりの新入社員数名と話をした結果、彼らは当社の歴史についてほとんど何も覚えていないことがわかりました。結局私たちは、対面式のセッションでコンテンツを詰め込みすぎているようです。この部分を小分けにした方が効果的です」。

　「このアイデアを検証するために、エドウィンに４人の新入社員を使って小さなテストをしてもらいました。ランチ４回分の費用がかかりましたけど、素晴らしい結果が得られました。学習インストラクションは、各自ボイスオーバーのスライドを見て、その後ペアで社史の中の指定された部分について２分間の劇を書くというものです。学習に必要なMVAKや体験型の要素を加え、そういった形でモダナイズしてみました。新入社員は、自分の好きな方法で教材を勉強しました。その後、お互いの社史劇を見ることで、内容が強化され、記憶に残るようになったのです。翌週、私は４人の新入社員のところをちょっと訪ねて、それぞれが何を覚えているのかを聞いて、効果があったことを確認しました。彼らは、私が覚えていた以上に、いくつかの歴史的事実を覚えていましたよ」。

　「楽しそうね、ルビー！」とマリッサが言った。「それに重要なのは、このペア活動が、新入社員のソーシャルネットワーキングを構築するというプログラムの戦略的パフォーマンス目標を直接的にサポートしていることだわ。いい仕事をしたわ、お疲れ様でした！」と言った。

　ジョンは熱心に聞きながら、「それにこの方法には、他にも利点があるようですね」と言いました。「許可を得て、彼らのプレーを録音して他の

トレーニングに再利用すれば、私たちの仕事も最小限に抑えられるし、従業員も大いに楽しめると思います」。

「クラウドソーシングでコンテンツを作る、気に入ったわ！」とマリッサは叫んだ。「５年後の従業員が、昔のレコーディングのリンクを新入社員と共有している姿を想像してみて？　楽しいことじゃない？　しかも、それは私たちの会社の歴史を再び強化することになるでしょうし……アップグレードされたオンボーディング・トレーニングの評価が上がるのが待ち遠しいわ」。

OK-LCDによる違い： L&Dチームは、OK-LCDモデルの力を借りて、既存の学習資産をアップグレードするための明確なデータに基づく戦略を組み立てることができました。

実施したアクション

OK-LCDモデルをロールモデル化するために、このモダン学習デザインの方法を実行する際に、あなた自身の業務パフォーマンスを変えるのに役立ついくつかの方法を提供します。

これまでに、あなたはアップグレードアクションのコンセプトと利点について、読んできました。このセクションでは、アクションのプロセスをガイドするために作成されたツールを使いながら、その方法を説明します。図 5-3 はツールのイメージ図です。付録や LearningClusterDesign.com/Book-Bonus にフルスケールで掲載されています。

図5-3　既存のツールのアップグレード

モダナイズの要素	既存スコア（1＝Yes,0＝No）	追加可能か？（Y/N）	どうやって追加する？（リストのアイデア）	今やるのか、後でやるのか（N/L）	新規評価（1＝Yes;0＝No）
アクセシビリティ					
自律性					
チャンク					
最新であるか					
体験的					
For Me					
ハイパーリンク					
MVAK					
ソーシャル					
トータルスコア					

　戦略的に選択したモダナイズするための各学習資産について、「既存ツールのアップグレード」をスプレッドシートにして、以下のようにステップバイステップで使用します。

1. 既存の学習資産のモダン性をポイント値で評価する。
2. 9つの要素のそれぞれについて、現在の学習資産の中で使用するため、あるいは新たに追加する学習資産のために、モダナイゼーションのアイデアをブレインストーミングする。
3. モダナイズの度合いを数値化して、アップグレードの組み合わせを検討する。
4. 実施したいモダナイズのアイデアを選び、新しいプランのモダン度を評価する。

戦略的に選択する

　まず、アップデートしたい学習資産を意図的に、そして熟考して選ぶことから始めましょう。ツールを使ってそれらをアップグレードします。組織にとっ

て重要な学習プログラムをいくつか選ぶ際には、以下のようなものを探します。

　　・プログラム終了時の評価が低い。

　　・トレーナー自身が、そのプログラムに対して、自分にとっても学習者にと
　　　っても魅力がないと不満を持っている。

　　・すでに、コンテンツの大幅な見直しが予定されている。

モダン度を評価する

　モダナイズする資産を選択したら、次のステップとして、その資産に存在す
るモダンさのレベルを判断します。いくつかのケースでは、プログラムがすで
にかなりモダンになっている場合があり、次の章で説明する「サラウンドアク
ション」にスキップする必要があることがわかっています。

　このツールを使って、あなたの資産のモダン度評価を記録してみましょう。
９つの要素のそれぞれについて、その要素がすでに組み込まれている場合は１
点、組み込まれていない場合は０点です。そして、その資産が持っている「モ
ダン性ポイント」の数を合計します。ポイントの値が低すぎると思うのであれ
ば、ご自身の判断で、このアクションを前に進めてみましょう。さまざまな学
習資産のモダン性評価を重ねていくうちに、アップグレードが必要なものをす
ぐに見つけられるようになるでしょう。

モダナイズのアイデアを出し合う

　個人で、またはチームで、既存の資産をモダナイズするためのさまざまな方
法をブレインストーミングします。これらの９つの要素それぞれについて、以
下の質問を考えてみてください。

　　・その要素を学習資産に加えることが可能かどうか？（Yes or No）

　　・その要素を加えることで、学習体験がより効果的になるかどうか？（あな
　　　たの考えにコメントを加えてください）

　　・その要素を加えるとしたら、どのような方法が考えられるか？（１つまた
　　　は複数のアイデアを「アイデア一覧」欄に記入してください）

　アップグレードツールは、自分の思考プロセスを記録するのに最適な方法で
す。終わってみると、素晴らしいアイデアが多すぎて実行できないことが多い
こともありますよね。それはそれでいいのです。サラウンドアクションで使え

るように保存しておきましょう。

組み合わせを考える

　9つの要素の可能性をブレーンストーミングした後、いくつかのアイデアを選びます。

- ・学習者をエンゲージする（ラーンアクション）。
- ・戦略的パフォーマンス目標（チェンジアクション）と一致していること。
- ・あなたの現在の能力、予算、スケジュールに合わせて。

　多くの場合、1つまたは2つのアイデアがいくつかの要素にまたがって現れます。例えば、L&Dのモダナイズの初期段階では、クラスルームコースをeラーニングコースに変更することが最も一般的であり、チャンク、MVAK、アクセシビリティといった要素を追加して設計することができます。これらの組み合わせを試してみてください。目標は、学習者にとって意味のある方法でこれらの資産にモダンな（現在の）要素を加えることが目標であることを念頭に置きましょう。

　気をつけたいことは、9つの要素すべてをそれぞれの学習資産に加えたくなるかもしれませんが、それはやりすぎです。いくつかの要素やモダナイズのアイデアを選択することで、最も現実的な労力で最も価値を発揮できるものに集中するようにしましょう。

新しい評価をつける

　選択肢が絞られたら、追加された要素の組み合わせに名前を付け、資産のモダンさを再評価します。その学習資産にモダンさが適応されていればその要素に1点、まだデザインの一部になっていないものには0点を付けます。モダナイズされた違いがわかりますか？　その評価に基づき、そのトレーニングのモダイナイズを再制作してみましょう。最後に、本当に学習者のエンゲージメントを高めることができるかどうかを確認する事前パイロットを行い、施したデザインアイデアを検証してみることもおすすめします。

パターンを探す

　同じテクノロジーが何度も出てきませんか？　複数のアップグレードプロジ

ェクトを行っていると、いくつかの同じテクノロジーが、複数の学習資産やモダナイズプロジェクトでメリットをもたらしていることに気づくかもしれません。何が会社に合っているのか、環境、業界、予算に合わせたテクノロジーの導入を検証することができます。テクノロジーを導入する際には、コストを分散させながら、少し多めに投資するとよいでしょう。その場しのぎの最新のテクノロジーに投資するのではなく、このアクションによって効果的なパターンを見極めることで、戦略的な投資が可能になります。

この9つの要素は、これまでもあったものですが、デジタル時代になって、より簡単に盛り込むことができるようになりました。それは、初期のテレビに似ています。プロデューサーや番組制作者の習慣により、初期のテレビは、アクションよりもセリフに重点が置かれることが多かったのです。9つの要素は、新しいテクノロジーの利用やすでに使えるテクノロジーがあることを気づかせてくれます。

実践編

学習の9つの要素を通じて学習資産をアップグレードすることは、モダイナイズにとって、強力なアクションです。Paycor社のL&Dマネージャー、グレッグ・グールド氏は、すぐに始められるユニークなアプローチをとりました。彼は部門会議で9つの要素のリストを配り、スタッフに、リストを使って現在のプロジェクトをどうレベルアップできるかのアイデアを求めました。それによって、皆が活気づき、このリストはL&D部門の共通言語になりました。本で読んだり、カンファレンスで見たりしたさまざまな可能性に関する情報を見て、腰が引けてしまうような状態になるのではなく、9つの要素によって、プログラムを整理し、評価し、新しいアイデアを生み出すことが容易になったのです。

OK-LCDストーリー

[登場人物]

CLO
Marissa
（マリッサ）

L&D Manager
Digital Design
Jon（ジョン）

L&D Manager
Traning Delivery
Ruby（ルビー）

場面： L&Dチームは、ブレンデッド・ラーニング・プログラムのモダン度と、どのような改善策があるかについて議論しています。

「マリッサ」、ルビーが声をかけてきた。「ジョンと私は、今のブレンデッド・ラーニング・プログラムのモダナイズについて議論しているのですが、あなたの意見を聞きたいと思いました。私たちのブレンデッド・ラーニング、本当にモダナイズしなければならないのでしょうか？　すでに自習用のプレワーク、その後の研修クラス、フォローアップに教材は分割されています。それに、オンラインの部分は、クラスに申し込む際にリンクをブックマークするように指示しているので、自律的にアクセスできます。さらに、クラスで一緒になればソーシャルにもなります。これで十分ではないでしょうか？」。

「場合によるわね」とマリッサは答えた。「カークパトリック・レベル1の評価はどうなっていますか？　もし、学習者が100点満点で80%、5点満点では4点という基準を満たしているのであれば、そのままにしておきましょう。優先すべきは、不振のプログラムです」。

ルビーは嬉しそうに、「よかった。これで仕事の手間が大分省けます。つまり、『壊れていないものは直さなくていい』ということですね」と言った。

「アクセシビリティ」と「チャンク」という2つの定義について、マリッサは次のように説明した。「今後は、学習者やユーザーがウェブサイトをブックマークしたり、リンク付きのメールを保存したりすることを忘れないようなシステムを構築していきましょう。私たちは、学習者が自分の時間を使って学習すると同時に彼らの本来の仕事ができるように、こうい

ったことを合理化していきたいと思います」。

「それは合理的ですね。LMS上のコースランディングページにいくつか
のハイパーリンクを追加できるかもしれません。最終的に、すべての学習
ニーズを満たして、私たちは従業員の皆が、毎日とは言わないまでも毎週
LMSを使用するという行動を促進しようとしているのですから。で、チ
ャンクすることに関しての懸念は何ですか？」と、ルビーは尋ねた。

「文献で読んだ限りでは、チャンク学習は、1時間のeラーニングコー
スや1日のクラスよりもはるかに小さいものです。それをどのようにして
さらに細分化するかは、あなたとジョンにお任せします。うちの会社の従
業員には、1分間のリマインダーや2センテンスの短いヒントだけでも、
現場の業務ニーズに応えられることも多いのです。コース終了後に、その
教材を単独の学習資産として仕事に再利用できるようコース教材をそのよ
うに小さく分割できないか考えてみましょう。すでにあるものを再利用す
れば、私たちにとっても時間とコストの節約になります。さらに、従業員
が「チャンク学習」に簡単にアクセスでき、それが毎日の学習習慣の一部
となるようにすれば、学習者としての従業員の皆も喜ぶと思います」とマ
リッサは言った。

「そうですね！ 方法を調べます!」と、ルビーが答えた。

OK-LCDによる違い：ビジネスと学習者にとって何が重要なのかに焦点
を当てることは、L&Dのモダナイズのための優先順位を設定する上で重
要です。これまでのブレンデッド・ラーニングのデザインは、モダナイズ
に向けた正しい方向への一歩でしたが、ラーニング・クラスターをデザイ
ンすることによって、次のステップに進むことができます。

ファイナルノート

この章では、既存の資産をアップグレードしてモダナイズ計画を作成する際
に、現代的、モダンな学習の主要な特徴である9つの要素があれば、プロセス
の指針となり、計画が容易になることを学びました。「既存資産のアップグレ
ード」アクションを完了したら、すべての要素が上手く組み合わされているか

どうかを再確認してください。以下は、それに役立ててもらいたいチェックリストです。

- ・9つの要素のいくつかを加えて、学習資産をアップグレードする。
- ・各学習者のペルソナにとって、魅力的でやる気を起こさせるアップグレードであることを確認する。
- ・アップグレードの選択肢が、戦略的なパフォーマンス目標に沿っていることを確認する。
- ・学習資産を更新するための追加アイデアのリストを保存し、第6章で説明する「意味のある資産で学習者を取り囲む」アクションで使用できるようにする。

　考えてみてください。L&Dの仕事をしている人の多くは、人と接することが好きでL&DやHRの業界に惹かれたのではないでしょうか。テクノロジーは私たちの得意分野ではないかもしれません。しかし、L&Dには、昔から、フィルムストリップ、スライドプロジェクター、オーバーヘッドプロジェクター、パワーポイント、CD-ROM、DVDなどのテクノロジーを採用してきた習慣があります。近年では、eラーニング、Webサイト、複数のバージョンのLMSシステムなどがあります。最新のテクノロジーを学習プログラムに取り入れるのは難しいと思われるかもしれませんが、L&Dという業界にはそれを成功させてきた歴史があります。
　今日、この次のテクノロジーの統合をより困難にしているのは、短期間にあまりにも多くの変化があったことです。圧倒されています。9つの要素のリストを使うことによって、学習者が必要としているもの、つまり彼らと私たちがテクノロジーの統合に期待する利益に焦点を当てることができます。焦点を新たにすることで、より迅速に前進することができます。9つの要素があれば、自信を持って前進することができます。

◆この章の最初に出てきた「L&Dのよくある話」の登場人物が抱えていた問題を考えてみましょう。OK-LCDモデルは、マリッサ、ジョン、ルビーが直面する以下の問題にどのような違いをもたらすでしょうか？

・L&Dのモダナイズという課題に取り組むには、スタッフの人数が少なすぎる。

・評価の低いコースやビジネスに不可欠なコースが、モダイナイズされるのを待っている状態だ。

・選択肢が多く、適切なテクノロジーを選ぶのが難しい。

・社員やシニアリーダーは、今すぐ最新のものを求めている。

◆9つの要素（図5-3）のそれぞれをサポートするテクノロジーを少なくとも1つ挙げてください。そのテクノロジーは、あなたが家庭や職場ですでに使っているものですか？

◆9つの要素のうち、どの要素が好きですか？　その理由も考えてみましょう。あなたの学習者が何を好むか、どうやって調べますか？

◆私たちは、ブレンデッド・ラーニングを取り入れたり、新しいテクノロジー、あるいは最新の流行を手に入れたことで、モダナイゼーションの作業が完了したと思いがちです。9つの要素は、あなたのチームの現代の学習、モダンな学習に関する考えをどのように広げることができるでしょうか？

◆アップグレードアクションを省略すると、どのような結果になるのでしょうか？　OK-LCDモデルのアップグレードアクションは、L&Dが既存の資産を戦略的にアップグレードするためにどのように役立ちますか？

◆あなたが最近取り組んだ学習イニシアティブについて考えてみましょう。9つの要素を適用したら、最新のプログラムはどのようになるでしょうか？

　・資金やリソースに限りがないとしたら、どのようにしてL&Dプログラムに各要素をより多く盛り込みますか？（リマインダー：各学習資産のモダイナイズには、ほんの数個の要素を加えるだけでも十分であることが多い）

　・今の予算で短期的に可能なことを考えた場合、どのアイデアが実行できるでしょうか？

　・自分の仕事を加速させるために、再利用、再目的設定、クラウドソースのコンセプトをどのように活用できるでしょうか？

◆付録のアップグレードツールをご覧いただくか、LearningClusterDesign.com/Book-Bonusをご覧ください。各セクションに記入して、「既存資産のアップグレード」アクションで練習を深めてください。

6 ▷ 学習ニーズがある時に学習できるよう学習者を取り囲む

ラーン
学習者ごとの
違いを学ぶ

チェンジ
業務上の行動を
変える

サラウンド
意味のある学習資産で
学習者を取り囲む

トラック
すべての人の変化
結果を追跡する

アップグレード
既存の学習資産を
アップグレードする

　絶え間ない変化の時代には、継続的な学習が必要です。最高の学習体験は、公式の研修の場であれ、学習者の職場や働く場であれ、自分で選んだ時間と状況において常に得られる必要があります。「意味のある学習資産で学習者を取り囲む」アクションでは、戦略的に選択された資産で構成されるラーニングクラスターを作ります。この戦略は、先のアクションをベースに、L&Dは、以下の3つのことを考慮して資産を選択します。①「チェンジ」のアクションで示された望ましい行動の変化、②「ラーン」のアクションで示された学習者のニーズ、そして③3つの学習タッチポイント（ソーシャル、フォーマル、即時的）での学習資産の利用可能性です。この戦略は、L&Dを学習者中心の方向へと導きます。

　今日の現代的な学習者のために、パフォーマンス主導のソリューションを提供します。

一般的に、従業員が職場で学習する際の選択肢は限られています。

・クラスルーム研修を受ける。
・eラーニングコースを受講する。
・ブレンデッド・ラーニング―個人
　学習に加えて、クラスルーム研修
　とアセスメントの組み合わせを行
　っている。
・職場の知り合いに相談する。
・マネージャーに聞く。
・指示書やSOP（標準作業手順書）、
　ハンドブックを読む。
・外部でのクラスへの参加が承認される

サラウンド
意味のある学習資産で
学習者を取り囲む

仕事以外でも、社員の学びの選択肢は広がっています。
そして、学習の専門家の指導がなくても、上手く使いこなされています。
・ブログやチャットルームなどで他の人に聞いてみる。
・ビデオを見る－TEDトーク、YouTube。
・ボランティアやグループに参加して、実際に体験してみる。
・地元の大学に行って、学位や修了証を取得したり、夜間のクラスに参加す
　る。
・近くにいる人、遠くにいる人、電話やオンラインで友人や家族から学ぶ。
・ウィキ（Wikipedia、WikiHow）を閲覧する。
・オンラインや図書館で本やガイドブックを読む。
・オンライン大学やMOOCに登録して、クラス、サーティフィケート、学
　位を取得する。
・Google Scholar、ニュースフィード、学術雑誌など、オンラインで自分
　で検索する。
・ガイド付き学習プログラム（書籍、オンライン、ローカルグループ、大学
　など）を利用する。
・テレビ-ドキュメンタリー、映画、教育番組を見る。

図6-1　現代の学習者がエンゲージされるとき

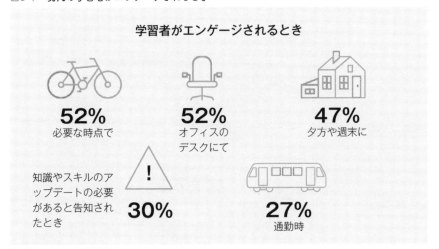

出典：Greany（2018）

　今こそ、L&Dはそのギャップを埋めるべきだと思います。その理由は？それは、従業員がそれを期待しているからであり、この急速に変化する環境の中で、従業員がより早く、より深く学ぶことを企業が求めているからです。今日のテクノロジーを使えば、L&Dはフォーマルな学習を超えて、計画外でありながら、意図的な学習をサポートすることができます。

　現状、L&Dはその課題に手をこまねいています。なぜなら、フォーマルな教育を超えた取り組みは、歴史的にL&Dの領域外でした。何年もの間、将来を見据えたL&Dの専門家たちは、従業員が必要とする職場に学習教材を提供する「パフォーマンスサポート」への移行を奨励することで、私たちをクラスの外に出そうとしてきました。しかし、残念なことに、私たちの業界は、トレーニングを担当することで狭く定義されていることが多く、パフォーマンスサポートは重要性の低い第二の目標と考えられています。トレーニングは、私たちが達成しようとしている結果ではなく、私たちにその制作が期待されている「プロダクト（製品）」として定義されることによって、私たち自身を制限してきました。幸いなことに、私たちは自分たちが学習の責任者であると考えるようになりました。

　L&Dのプロフェッショナルを名乗ることで、私たちは新しい扉を開くことができ、それを踏み越えるときが来たのです。学習資産を職場に持ち出し、学

ぶ必要のある人たちに届けましょう。私たちのトレーニングを受けに来てくれるのを待つだけではなく、意味のあるトレーニングを提供しましょう。いつ、どこで、どのようにして学習するのかを考えて、意味のある学習資産を用意しましょう。どのように？　この「意味のある学習資産で学習者を取り囲む」というアクションこそが、現代の学習者のニーズを満たす戦略の鍵となります。

　この章では、他のすべてのアクションの中心となる、このアクションについて説明します。

L&Dのよくある話

[登場人物]

Employee
Jaik（ジェイク）

Employee
Ana（アナ）

Employee
Nina（ニーナ）

Employee
Nick（ニック）

場面：ジェイクは同僚のアナ、ニーナ、ニックとトレーニングを受けなければならないことを相談しています。

　「あら、ジェイク！」と、アナは廊下で彼に近づいて手を振った。「ランチに行くところ？」ジェイクはうなずきながら、歩き続けた。「どうしてる？」アナは彼に追いつくと尋ねた。

　「今日は、ジュリアと四半期のパフォーマンスレビューをしたばかりなんだ」とジェイクは答えた。

　「あ、どうだったの？　確かあなたいい評価が得られると思うって言ってたじゃない？　何かあったの？」とアナが言うと、

　「ああ、上手くいったよ。ただ、1つ問題があるんだ。プロジェクトの進行が遅れていて、ジュリアはその責任の一端を私に求めている。もちろん、彼女は今、チームのみんなに気を遣っている。僕だけの問題じゃない。でも、彼女は僕のプロジェクトマネジメント能力が低いと言っていて、僕はそれを改善しなければならないんだ。

彼女によると、彼女のメンターが、『C-suite全体があなたたちのプロジェクトに注目しているから、いい結果を示せなければならない』と忠告してくれたって言うんだ。『私たちはゲームを先取りして、早くこの問題を解決しましょう』って」。

　「あなたは彼女に気に入られているし、彼女はあなたを早く昇進させたいと思っているのよ」とアナは励ましの言葉をかけた。「なのに、なぜそんなに落ち込んでいるの？　解雇されたり、降格されたりするわけでもなさそうだし」。

　「彼女にトレーニングを受けるように言われたんだ。会社の学習のサイトで調べるように言われて、その通りにしたんだけど、講習会に行くのは嫌なんだ！」とジェイクは悔しそうに答えた。

　「あら、ニーナたちもいるわ」とアナが手を振った。「ランチの時にもうちょっと話して」。

　その後、彼らがいつものテーブルに座ると、彼女は話を再開した。「ジェイクがプロジェクトマネジメントのトレーニングを受けるように言われているんだって。彼、行きたくないと言っているのよ、そうよね、ジェイク？」。

　「ああ、なんてこった!?」と、ニックが言った。

　「あら、ラッキーじゃない！」ニーナはそう言った。「私も毎日の仕事から解放されて、自由な時間を過ごせたらいいのに」。

　「これ、２日間のクラスなんだ」とジェイクが説明する。「アンディが去年行ったクラスだと思う。で、お昼前に彼に電話して聞いてみると、『まあ、研修はOKってとこかな……』って言うんだ。でも、研修以来、そのプロジェクトマネジメントの資料は一切見ていない、と。そんなの時間の無駄だろう？　会社が私たちがプロジェクトを成功させることを心配しているんだったら、自分たちをプロジェクトマネジメントのクラスに参加させて時間を無駄にするべきじゃないよ。むしろ仕事をすることに時間を使わせてほしい！」。

　「まあ、そうだな。僕も研修でやったことなんてすぐに忘れてしまうし」とニックは言った。「ノートを取っていても、忘れてしまうものね。本があれば、毎日少しずつ読んで、下線を引いたり、余白にメモを取ったり、忘れ物をしたときに本を取り出したりすることができるけど」。

「本!?」とニーナは笑った。「私はむしろeラーニングの方が好きかな。仕事と仕事の合間に、スライド数枚分をやることができるし。でも、私が本当に気に入っているのは、ダウンロードして通勤中に受講できるeラーニングかな。ページをブックマークできるオンライントレーニングだと、状況に応じて、すぐに見て思い出すことができるわ。今回のコンフリクトマネジメント研修もそうだった」。

アナは、「そうね、私は、Alexaが耳元でささやくようにリマインドしてくれる方法があれば嬉しいな。新しい習慣を身につけようとしたときには、それが一番ね。24時間365日、個人的な指導者やコーチがいるようなものだから」。

ジェイクは笑った。「次に君が求めるのは、トレーニングクラスの代わりに脳に情報を埋め込むことか!?」とみんなは笑って、世界が変わっていることに同意し、それでいいと思った。

　課題：OK-LCDモデルとラーニングクラスターの使用は、ジェイク、アナ、ニーナ、ニックの異なるニーズをどのように満たせるでしょうか？この章を読みながら、このアクションがこれらの問題にどのように対処しているかについて、自分の意見をまとめてみましょう。

- クラス研修での学習に対する考え方の違いをどのようにマネージするか？
- トレーニングから数ヶ月後のリコールを改善するにはどうしたらいいか？
- 従業員が自分のスケジュールに合わせて学習したいというニーズにどう対応するか？

アクションの説明

　この4つめのアクションでは、これまでのアクションで収集したデータを考慮して設計しラーニングクラスターを作成し、特定分野でパフォーマンスを向上させるために必要な学習資産を学習者である従業員に提供します。

　一般的にL&Dは、学習者の注意を引くために、1回の研修にあらゆるコン

テンツを詰め込む傾向にあります。企業側は、１回何かをやればすぐにでもパフォーマンスが改善されると期待しています。しかしそれは、私たちにとっても学習者にとっても難しいことです。

　第２章で現代の学習者（モダンラーナー）を「刻々と変化する環境の中で迅速に学習する必要があり、答えを得るためにさまざまなリソースにアクセスする人」と定義したことを思い出してください。学習者には、学習が必要な瞬間がたくさんあります。改めてモッシャーとゴットフレッドソンの「学習を必要とする５つの瞬間」というモデルを考えてみてください。

- ・初めて学ぶとき（新規）
- ・さらに学ぶ必要があるとき（追加）
- ・学んだことを活かすとき（応用）
- ・上手くいかないとき（問題解決）
- ・物事が変わるとき（チェンジ）

　L&Dは圧倒的に学習ニーズの「新規に学ぶ瞬間」に焦点を当てています。しかも、フォーマルな学習にのみ焦点を当てています。OK-LCDモデルを使って、ラーニングクラスターを提供することで、ビジネスリーダーに、トレーニングクラスやコースではなく、今までとは違うことを期待してもらいましょう。

　このアクションでは、イベントベースの世界では不可能だった、大きなボール状になっている１回やったらおしまい（one and done）のトレーニングを、意味のある学習の塊（ラーニングクラスター）に分解する方法を決定し、それぞれ異なるクラスターを、学習者が最も必要とする時に、どこで、どのようにして彼らの目の前に届けるかを考えます。どの資産が全体にとって意味のあるものかを知ることが、この仕事の本質です。各資産は、ラーニングクラスターの戦略的なパフォーマンス目標を促進するために連携する必要があります。単一の学習資産を設計し、他の資産との整合性を欠く従来のIDモデルとは異なり、ラーニングクラスター設計では、部分だけではなく全体を設計することに焦点を当てています。

業務上のパフォーマンスとそれに関連する特定能力の向上のためのラーニングクラスターの設計には、特定の能力の仕事上のパフォーマンスを向上させるために、意図的で、文脈を中心に据えて一連の学習資産を選択し、設計し、資産へのアクセスを促進させるための状況に応じたアプローチが伴います。

新しいコンセプト：ラーニングタッチポイント

ラーニングタッチポイントという考え方は、ビジネスやマーケティングに由来するもので、学習者が学習コンテンツに接触するすべてのケースに目を向けることを促すものです。これは多くのL&D担当者にとって新しい概念であり、ラーニングクラスターに最適な学習資産を選択するために不可欠な要素です。簡単に説明すると、人の学習方法に関する神経科学の研究に基づいて、3種類の学習インタラクション（ソーシャル、フォーマル、即時）を大まかに分類しています。学習者とL&Dの間の各インタラクションは、学習者のペルソナと戦略的パフォーマンス目標を考慮し、学習者に最も役立つと思われるメッセージとして送られます。

L&Dはこれまで、対面式やバーチャルのインストラクター主導型トレーニング、ブレンデッド・ラーニング、eラーニングなど、フォーマルな学習のタッチポイントにのみ焦点を当ててきました。調査によると、学習者がこれらのフォーマルな「学習製品」を利用するのは、平均して4分の1程度だということです（Degreed 2016）。今日、私たちの学習資産は、彼らの生活の大きな部分を占めていません。学習者が切望しているのは、ソーシャル、フォーマル、そして即時的なタッチポイントをミックスして提供される「製品」です。ラーニングクラスターは、それぞれの学習者のペルソナに合わせて、この3つのタッチポイントそれぞれに少なくとも1つの学習資産を用意する必要があります。

ソーシャルラーニングのタッチポイント

他の人々とある程度の交流を持ちながら学ぶ学習の例です。学習者がソーシャルタッチポイントに求めるものは、学習に役立つ他者との交流か、コンテンツの信憑性、そして、特に学習者自身の状況に当てはまるかどうかについての他者からの検証があります。インストラクターによるトレーニングクラスやバーチャルトレーニングも、こういったことを提供しています。さらに、ユーザ

一や読者に評価やコメントを付けてもらうことで、別のレベルのソーシャルインタラクションを重ねることも容易です。ソーシャルコメントは、動画サイト、Wiki、ブログ、トレーニングメニューなどの学習資産リスト、チャットルーム、投稿記事などでよく見られます。評価やコメントは、学習者にとってのコンテクストでの学習資産の適切性を理解するための強力な手段となります。

　SPOとパフォーマンスギャップに応じて、ソーシャルラーニングのタッチポイントに必要な資産の数は増減しますが、すべてのペルソナにはソーシャルラーニングの機会があるべきです。学習者は、トレーナーやSME（内容領域専門家：Subject Matter Expert）だけではない、豊かなインタラクションを求めています。クリエイティブになりましょう。人々は、仕事以外で、常に新しいプラットフォームを使ってソーシャルラーニングに取り組んでいます。YouTubeのコメントや「いいね！」だけでなく、スキルの練習中にライブチャットができるTwitchや、ディスカッションボードを学習の一部として活用しているCourseraのようなウェブサイトもあります。机の上に置いておくもの、ポスター、カフェテリアのテーブルに置いてある「テントカード」のような簡単なものでも、重要なパフォーマンスギャップに関するトピックについてのソーシャルインタラクションを図ることができます。

フォーマルラーニングのタッチポイント

　これは、学習者が明確な開始点と終了点を経験し、構造化された順番や道筋をたどり、時に完了証明書で終了する学習の例です。現代の学習者は究極のプログラムを求めています。しかし、彼らが最も求めているのは、基礎となる没入型の学習、認知、修了時の満足感、交流、自己啓発、スキルに集中するための時間の確保、そして信頼できる幅広いネットワークを通じた洞察力です。L&Dは、フォーマルなタッチポイントで学習者に接することが多いのですが、これらは構造化されており、何を学ぶか、誰から学ぶかについて学習者による選択の余地はほとんどありません。フォーマルなトレーニングは、対面式の場合もあれば、eラーニングやブレンデッド・ラーニング・プログラムの場合もあります。重要なのは、フォーマルなタッチポイントでは、学習者はあらかじめ定義された順序に従ってコンテンツを利用したり、明確な開始点と終了点を持つ体験をするということです。賢いL&D担当者は、これらをエキサイティングで充実したものにするためにあらゆる努力を惜しみません。例えば、コン

プライアンス研修のためにバッジプログラムを追加したり、選択制の学習プログラムで修了認定証の発行をしたり、会社の壁を越えたネットワーキングの機会を設けたりします。また、単純に楽しいことを追加するといったこともあります。

即時学習のタッチポイント

これは、24時間7日間いつでもアクセスでき、広範な検索を行わなくてもその場で、すぐ利用できるという学習の例です。学習者は、予定されたクラスを待つことも、オンラインコースを受講する許可を得ることも、質問に答えてくれる人を探すことさえもできないことが多いのが実情です。今すぐ知りたいという学習ニーズの瞬間は、数多くあります。それに応えるのが即時学習のためのタッチポイントです。一般的に、このタイプの学習資産は、ジョブエイド、Wiki、検索可能なデータベース、アクティブなディスカッションボード、またはメニュードリブンなバイトサイズのeラーニングコンテンツとしてオンラインで提供されるものも含みます。また、このタッチポイントには、学習者が単独でアクセスできるすべての学習資産が含まれます。このタッチポイントでのあなたの役割は、上記のように使用できる資産を作成したり、これらの資産へのアクセスを容易にしたりすることです。これらの学習資産が使用されているかどうか、またどのような順序で使用されているかさえもわからないかもしれません。このタッチポイントでは、一般的に学習資産が少なくて使われていないか、あるいは使われているけれども、学習資産を見つけるのが難しい場合があります。あなたの仕事は、このタッチポイントに多くの資産を配置することです。そうすれば、学習者は、自分のギャップを埋めるのに必要な品質を持たない外部コンテンツに頼る必要がなくなります。

第2の仕事は、これらの資産へのアクセスを誘導することです。多くの場合、ITや外部のサプライヤーと協力して、より良い検索アルゴリズムを備えた合理的なプラットフォームを構築します。

図6-2は、3つの学習タッチポイントの概要、各タッチポイントの学習資産の例、複数のタッチポイントに重複する学習資産を示しています。

図6-2　3つの学習タッチポイント

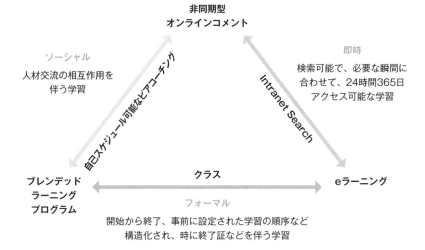

3つの学習タッチポイント
複数のタッチポイントにオーバーラップするアセットを含む学習資産例

この３つの学習タッチポイントを考えると、「70-20-10学習モデル」が思い浮かぶかもしれません。このモデルでは、学習の70％は仕事を通じて、20％は他の人と一緒に行ったことから、10％はフォーマルな研修から生じるとしています（Jennings, Heijnen, Arets 2019）。70-20-10モデルは、L&Dにフォーマルな学習以外の役割を検討することを促したもう１つのアプローチです。しかし実際には、組織はうっかり次のような間違いを犯してしまいます。

・70-20-10が処方箋であると考え、学習資産はこの比率でなければならないと考える。
・アカウンタビリティーを排除してしまう―L&Dは、比率の10％の部分にしか責任を負わない。
・学習資産の種類と学習の瞬間を限定する―70-20-10は、OJT、コーチング、集合研修（バーチャル含む）を学習資産の種類として単純化し、その他の学習の瞬間を除外していることが多い。

対照的に、学習タッチポイントの概念と言葉は、規定的ではなく、L&Dの説明責任を強調し、新しいテクノロジーの導入も容易です。例えば、ポッドキ

ャストを使った学習は、70-20-10のどのカテゴリーにも当てはまりませんが、OK-LCDにとっては、「即時学習」というタッチポイントに当てはまります。3つの学習タッチポイントが意味する幅広さは、L&Dが今日のテクノロジーと明日のための新しい学習資産を探求し、組み込むことを促します。

実践編

　ゴリラ・グルー・カンパニーは拡大を続けていました。そのためには、これまで以上に多くの人を採用し、スタッフをスキルアップさせ、昇進させる必要がありました。L&Dチームのルアン・タルビンとブリアン・クラウズは、まずはニーズを探るため、役員層にサーベイを実施しました。その回答は典型的なもので、経営陣が1年以内に必要としているというトレーニングトピックのテーマは、78項目のリストとなりました。オーナーの提案で、彼らはこの大仕事を手伝う人として、著者の一人をコンサルタントとして招き入れました。

　彼らは、IT部門と協力して、独自のラーニングクラスターページを作成しました。そのページには、今後予定されているトレーニングイベントのカレンダーと、それらのトピックに関連するスキルアップのために厳選したリソースが表示されました。各スキル分野のリソースは、「読む」「見る」「参加する」「実行する」に分類されています。また、すべての教材はリンクされ、簡単にアクセスできるようになっています。従業員は、この会社では、正式なコースを受講してもしなくても、自分で選択して学ぶことができることをすぐに理解しました。

　さらに、従業員が目標としている学習に時間を投資できるように、L&Dは毎月のトレーニングイベントカレンダーをWHYLLのリマインダーとともに送付しています。「あなたは最近何を学びましたか？」このメールが配信されると、ラーニングクラスターのページへのアクセス数が明らかに増加します。L&Dからのプロンプトとサポートにより、従業員もリーダー層も一様に、継続的な学習文化の一部となることを学んでいます。

　このラーニングクラスター形式を導入し、定期的に使用するように注意を促すことで、いくつかの変化が生まれました。最初は、正式なトレーニングクラスを求める声がいくつかありましたが、3ヶ月目に入ると、マネ

ージャーからのリクエストが変わりました。これまでの「○○についての研修をしてもらえませんか」ではなく、「私にはこんな問題があります。それを解決するためにあなたは何ができますか？」となりました。L&Dチームのメンバーは、研修クラスを実施する代わりに、自分のスキルセットを会社の問題解決に適用することに時間を費やしました。そして、その問題解決活動に他の社員を参加させることによって、これらの事例を社員の学習として位置づけることができるプロジェクトを展開しています。

　ここでは、学習文化と学習者の体験をどのように構築し続けているかについての例をご紹介します。

問題1：契約社員の仕事に対する理解が浅い

　ピーク時の注文に対応するため、契約社員が定期的に生産現場に投入されます。マネージャーは、契約社員が仕事をよく理解していないようだと指摘しました。その結果、離職率が高くなり、契約社員のトレーニングを担当するラインリーダーは不満を感じていました。L&Dの革新的なアイデアは、契約社員のために非常に短い入社前のビデオを作成することでした。ラインリーダーにも、契約社員に期待される4つの基本任務のためのビデオの脚本と録画に参加してもらいました。ビデオでは、業務プロセスの流れ、安全性、期待されるパフォーマンス、組織にとってのその部門の価値などが強調されています。契約社員は自信を持って仕事を始められるようになり、ラインリーダーは、この学習プロジェクトへの貢献が自分自身と会社に大きな影響を与えたことで、さらに活気づいています。

問題2：物流現場での一貫性のないトレーニング

　物流部門のリーダーは、部門内の異なるトレーナー間でOJTが一貫していないというフィードバックを受けていました。L&Dはチームと協力して包括的なトレーニングチェックリストを作成し、さらに一貫したトレーニングを促進するためのクロストレーニングの機会も盛り込みました。

問題3：サイロ化するチームリーダー

　チームリーダーが月に一度の座談会に参加していたにもかかわらず、部門間やシフト間の断絶が続いていました。この問題の解決を依頼された

L&Dは、ニーズ分析のスキルを発揮して、代表者会議のプログラムに「ア
サインメント」という要素を加えることで解決を図りました。アサインメ
ントが割り振られることによって、これらの従業員はチームとしての目的
が明確になり、より積極的な役割を果たすようになり、異なる領域の他の
チームリーダーとの関係を深める「問題解決」「チームビルディング」「ク
ロスファンクショナルな能力」に関する追加の学習・開発の機会を得るこ
とができました。

　ゴリラ・グルー・カンパニーのL&Dの成功は、チームに新たなエネル
ギーと勢いを与え、それが従業員のための他のリソース、ソリューション、
学習機会提供のリードへとつながっていきました。

アクションの実施

　ラーニングクラスターを作るというアクションは、ラーニングクラスター設
計という理念を実践し、それを作り上げる、「さあ、やるぞ」と腕まくりをし
て始めるアクションです。いきなりトレーニングプログラムを設計するという
ことではなく、別の方法を採る必要があります。従来のIDモデルのように、コ
ンテンツの分析や各資産の学習目的から始めるのではなく、まず学習者を中心
とした最新のソリューションを作成していることを確認します。そして、いつ、
どこで、どのように学習すれば、パフォーマンスが向上し、SPOで示された
KPIや現場での行動変化を促すことができるのか、学習資産を選択し、設計し
ます。このセクションでは、サラウンドツールに基づいて、3つのアクション
がこのサラウンドアクションにどのように反映されるかを説明した後、独自の
ラーニングクラスターデザインを作成するためのさまざまなステップを説明し、
最後にチェンジアクションで想定されている目標階層を構築します。

過去の行動を利用して準備する
　OK-LCDモデルでは、「チェンジ」「ラーン」「アップグレード」の各アクショ
ンが、この「**サラウンドアクション**」に影響を与え、このアクションに対す
る洞察を提供します。

その方法は以下の通りです。

・**名前を付けることと戦略的パフォーマンス目標から始める:**

　　まずラーニングクラスターに名前を付けます。典型的な名前は、そのクラスターの目的である向上させるスキルやパフォーマンスにちなんで名付けられます。例えば、「フィードバックラーニングクラスター 」や「正確な記録のためのラーニングクラスター 」のようにです。そして、戦略的パフォーマンス目標を書き留め、プロセス全体を通して全員の頭の中で最優先されるようにします。SPOは、ラーニングクラスターのゴールを表しています。

・**学習資産のアイデアを思い出す:**

　　「ラーン」アクションと「アップグレード」アクションの両方で、特定の学習者ペルソナやこの特定のラーニングクラスターに適した学習資産を提示していたはずです。また、すでに既存の学習資産をモダナイズしたかもしれませんが、これらもラーニングクラスターの一部となります。それらのアイデアを集めて、次のステップの準備をします。

ラーニングクラスターの開発

　　ラーニングクラスターを形成するプロセスでは、発散（ブレインストーミング）、マッピング、収束、チェックというガイド付きイノベーションの手法を用います（図6-3）。

図6-3　ラーニングクラスターの開発ガイド付きイノベーション手法

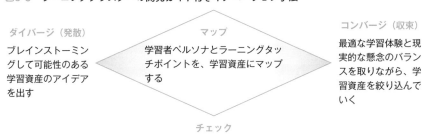

ダイバージ（発散）
ブレインストーミングして可能性のある学習資産のアイデアを出す

マップ
学習者ペルソナとラーニングタッチポイントを、学習資産にマップする

コンバージ（収束）
最適な学習体験と現実的な懸念のバランスを取りながら、学習資産を絞り込んでいく

チェック
1. 各ペルソナに対する学習タッチポイントごとの学習資産は配置されているか？
2. 学習者ペルソナのニーズを満たしているか？
3. 学習資産が戦略的パフォーマンス目標に合致しているか？

ダイバージ（発散：ブレインストーミング）

　集めた学習資産のアイデアをもとに、各学習者ペルソナごとに、そのペルソナのニーズを満たす可能性のある学習資産をブレインストーミングします。そして、各ペルソナの学習体験を検討します。

- ・初めて学ぶとき、さらに学ぶとき、応用するとき、トラブルシューティングするとき、変化に対応するときなど、学習に必要な5つの瞬間すべてにおいて、必要なときに必要なものが用意されているだろうか？
- ・補習や高度な学習のためのスモールチャンクの所在が明確になっているか？
- ・学習者が、習得したスキルや能力を仕事で実践する際に経験する現実とは何か？　学習体験は、その現実をどれだけ忠実に再現できるのか？
- ・戦略的パフォーマンス目標を達成するために、各キーペルソナが乗り越えなければならない障壁は何か？　どのような学習資産が最も助けになるか？

　参照しやすいように、学習資産のアイデアに名前を付けると便利です。多くの場合、「コンフリクトビデオ」「状況分析のeラーニング」「原理原則に基づいた自己分析」など、提供するメディアや方法に基づいて名付けています。各資産で扱われる可能性のあるコンテンツと学習目標について、ハイレベルな説明を加えます。この時点では、予算、時期、現在のインフラに制限されない、オープンマインドな姿勢が求められます。学習資産に関する全体的なアイデアを数人の学習者で試し、さらなる洞察を得たりしながら、ためらわずに正しい方向に進んでいることを確認しましょう。

コンバージ（収束）

　次に、あなたが特定したすべての**学習資産**を見て、あなたの状況にとって現実的で、学習者が戦略的なパフォーマンス目標を達成しようとするときに、最も幅広く学習者のニーズを満たすものを選択します。以下は、選択の際に役立ついくつかのアイデアです。

- ・リパーパス：

複数のペルソナのニーズを満たす多目的資産を探しましょう。例えば、あるトピックに関する1ページの記事が、研修クラスでの学習活動、オンラインでの即時ジョブエイド、ウェビナーの予習用として使用することができるかもしれません。再利用と再目的を行うことにより、L&Dの仕事量を減らすことができます。

・**チャンキング：**

SPOの目標を達成するためには、ペルソナごとに異なることを学ぶ必要があるため、デザインチームは、組み合わせた学習資産が、各ペルソナに必要な学習目標をすべてカバーするようにしなければなりません。しかし、これにはモダン・ラーニングデザインのルールである「学習者が知らないことだけを教える」こととのバランスをとる必要があります。学習者がすでに知っていることをスキップできるように、資産をチャンク化することで対応が可能ですが、そのためには、まずは、スキルが低いペルソナの設定から始めて、彼らがパフォーマンスギャップを埋めるために必要なものをすべて決定します。その上で、すべての学習目標と学習資産を、補習用資産、コア資産、上級用資産に分け、各ペルソナが必要なものが得られるようにします。

・**スケールの活用：**

今はまだ持っていなくても、ペルソナの学習ニーズの大部分を満たすようなテクノロジーがあるかもしれません。それは、最新のLMS、チャットシステム、ブログソフトウェア、リーダーズ・アズ・ティーチャーズアプローチ、メンタリングプログラムなどです。このタイミングこそ、それらを活用する時です。可能な限り会社のインフラを活用しましょう。例えば、会社にはWikiや共有サイトのテクノロジーがありますか？　L&Dがスペースラーニング（時間間隔を置いた学習）を推進するためのコンテンツを掲載できる定期的なニュースレターやホームページはありますか？これは、会社の他部門や他機能との関係を強化し、新しいテクノロジーの取り組みが適切であることを示すための良い機会です。

マップ

次に、学習資産をペルソナごとに、また3つの学習タッチポイント（ソーシャル、フォーマル、即時）ごとに分類します。目標は、各ペルソナが各タッチ

ポイントで少なくとも1つの学習資産を持っていること、つまりすべてのベースをカバーすることです。できていない場合は、ブレインストーミングに戻って、そのタッチポイントで学習者のペルソナのニーズを満たすものは何かを検討します。

　資産の多くは、複数のタッチポイントをカバーしています。これは良いことです。例えば、研修クラスはソーシャルでフォーマルなもの、eラーニングはフォーマルで即時性のあるもの（好きな時に利用でき、コンテンツを「次へ」のボタンを押してただ見るものではなく、メニュー・ドリブンである場合）、そしてチャットルームはソーシャルで即時性のあるものです。学習者はそれぞれのタッチポイントを必要としていますが、その度合いは、学習者のペルソナを作成する際に発見した（学んだ）ことに応じて異なります。

　サラウンドツールには、複数の次元にわたる学習資産の視覚的なマッピングをサポートする、視覚的に役立つベン図があります（図6-4）。この図には、タッチポイントと学習資産が示されており、それぞれがペルソナに割り当てられています。ブロックは移動可能で、交換もできます。間取り図アプリを使って部屋に家具を置く方法を考えるようなもので、何がフィットして、どこにギャップがあるかを確認するのに役立ちます。

図6-4　サラウンドツールからの抜粋

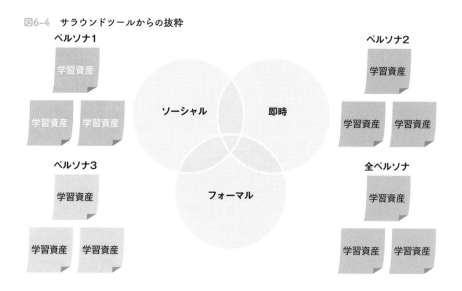

チェック&再チェック

ラーニングクラスターを開発するための「発散」「マップ」「収束」「チェック」という段階的なプロセスは直線的に見えますが、多くのクリエイティブなプロセスと同様、新しいアイデアが発見されると、反復的なループが発生します。インストラクショナルデザインの特徴であるチェックと再チェックは、このような反復を促すものです。この３つのチェックが重要です。

- ・各キーペルソナの学習タッチポイントごとに学習資産が用意されているか？
- ・学習者のペルソナから明らかになったニーズで、満たされていないものはないか？
- ・その資産は、あなたのラーニングクラスターの戦略的パフォーマンス目標実現を促進するものか？

学習目標と学習資産の整合性

チェンジアクションと目的の階層的関係に戻ります。以下のプロセスを用いて、最終目標と実現目標の複数の層をマッピングします。

1. まず、スキルレベルが最も低い学習者のペルソナから始め、パフォーマンスギャップを埋めるために何が必要かを判断する。
2. それらの目標を、最もニーズが高く、学習者が使用する可能性の高い学習資産にマッピングする。
3. 他のペルソナも見ながら、追加的に必要なものは何か、さらにそれらのペルソナが必要としていないものはないかを明らかにする。
4. ニーズの高い学習者向けの資産から、他の学習者のニーズを満たすための断片を他の資産に取り込む。チャンキングと再利用はこの作業の大きな部分を占める。

モダナイズのためには、「彼らがまだ知らないことだけを教える」という原則を適用する必要があります。この理念を実現するには、その学習資産を利用する可能性のある人の80％以上が必要とする学習チャンクを特定することが重要です。もし、そのチャンクが20％以下の学習者にしか必要とされないも

のであれば、そのコンテンツ、アクティビティ、体験などの素材は、補習用の学習資産として切り離します。それは、ハイパーリンクであったり、「詳しくは、xyzをご覧ください」といった詳細の補足情報であったり、テストやアセスメントであったりします。

　また、より多くのことを知りたい人のために、より高度な学習資産への接続を躊躇なく追加してください。ただし、人は選択肢が多すぎると、選ぶことを難しく感じるため、結果としてすべての選択肢を拒否してしまうという調査結果がありますから、注意を払う必要があります。学習者を窒息させてしまうのではなく、平均的な学習資産で囲んでしまいたいのです。学習者のペルソナごとに３〜５個の学習資産を用意するのが適度な目標です。

　終わったら、最終的な目標と実現可能な目標をリストアップし、どの学習資産がどの目標をカバーするのかを整理します。

各資産の設計

　最終的なラーニングクラスターができあがり、最終目標や実現目標を書き込んだら、各資産の詳細な開発が始まります。ラーニングクラスターを構成する各資産の設計は、通常の研修設計・開発プロセスと変わりません。あなたは自分の好みの、または従来からあなたの組織で使っているIDモデル（本来IDは、１つの学習資産の設計を目的としています）を使って学習資産を設計します。OK-LCDモデルで収集したデータの多くが、各資産を開発する際に再適用されることがおわかりでしょうか。

アクションのインパクト

　研修クラスやコースではなく、ラーニングクラスターをデザインすることは、L&D担当者の多くの「望むこと」に対する答えです。私たちはそうしたいと思ってきたはずです。

　　・１つの研修にすべてを詰め込むのはやめる。
　　・研修終了後、定期的に学習を強化する方法を見つける。
　　・学習の定着率を高めるために、時間をかけて学習を進める。
　　・従業員に学びの必要がある、学びたいと思っている時に、学習者にアプロ

ーチする。

・新しいテクノロジーをトレーニングに統合するための戦略を持つ。

ラーニングクラスターはこれらすべてを行っています。

すべての学習資産を研修クラス（オンラインを含む集合研修）やコースだけにしてしまうのではなく、今は、さまざまな学習資産が考えられます。ビデオ、自習ガイド、アウトライン化された読み物へのリンク、自己評価プログラム、Wiki、チャットルームなどです。また、「今日の質問」を知らせるプログラムや、オンラインや対面式での学習者体験を随時追加する場合もあります。

ラーニングクラスターにどのような資産を選択するかに関わらず、ここまでのアクションによって、パターンを探すことができるようになります。どのような新しいテクノロジーが、多くのラーニングクラスタープロジェクトの多様なニーズを満たすことができるでしょうか？　ラーニングクラスターで構築したインフラを、今後も継続して利用するにはどうすればよいでしょうか？　もしかしたら、それは「木曜思考（今週学んだことについて、木曜に13分間の思考と考察を行い、データベースに入力して、個人的に使用するか、上司やメンターと共有する）」の文化を確立することかもしれません。また、もしかしたらこれは、L&Dがビデオ、共有サイト、ブログ、実践コミュニティ、またはその他通常の業務上で共通して使われているアプリやプログラムなどの会社システムを「学習」に上手く利用することを承認してもらうチャンスかもしれません。L&Dは学習者と組織のニーズを満たし、より高い学習へのエンゲージメントを目指すために、毎年時間の経過とともに古くなったものを交換しながら、何かを追加していく必要があります。

ただ、テクノロジーのためのテクノロジーではなく、学習者のニーズと戦略的パフォーマンス目標を満たす意味のある学習資産を提供することが目的であることを覚えておいてください。実践編では、ある企業でラーニングクラスターがどのように機能したかを紹介しています。

実践編

Paycor社は、「良い技術、良い行為、そしてお客様の善意を思い、単なるビジネスを超えた個人への価値ももたらすものであることを信じます。

私たちはお客様のパートナーであり、同僚や友人であり、地域社会の一員なのです」を標ぼうしています。そして、Paycor社は急成長しており、日々多くの昇進の機会があります。しかし、その成長のスピードは、次のリーダーを育成するスピードを上回っています。

　グレッグ・グールドは、同社の人材開発・学習部門のディレクターです。彼はチームを率いて、より高いレベルでの責任を負うことができる昇進可能なリーダー人材をより迅速に提供するために、Aspiring Leaders Learning Pathと呼ばれるラーニングクラスターを設計し、会社の活動をサポートしています。

　「目的は、Paycor社でピープルリーダーとして成功するために必要な重要能力を認識してもらうことです。この能力を開発することが目的ではありません。なぜなら、ピープルマネージャーの仕事は、直属の部下の目に触れないことが多いため、ピープルマネージャーを目指そうとする一般従業員に、これらのリーダーシップ能力の意識向上をしてもらうことが必要です。そうすれば、ピープルリーダーになる前も、なった後も、これらの能力を開発する機会を求め始めることができます」とグールドは言います。

　L&Dチームは最初、「マネージャー志望」対象者は全員一括にして考えました。しかし、よくよく検証してみると、3つのグループがあることがわかりました。近い将来、マネージャーになりたいが、現在、マネージャーのメンターがいない「自薦のSandy」。そして、マネージャーのメンターからリーダーシップを発揮するように勧められている「推薦されているRobin」。3番目は「中堅Matt」で、とても高いスキルを持つ従業員です。「中堅Matt」は、ピープルマネジメントのスキルをもっと身につければ、必要に応じてグループマネジメントを強化して会社を助けることができ、マネージャーという役割が自分の興味に合っていることに気づくかもしれない、と思われます。さらにもう1つ、「ちょっと早すぎる Taylor」がおり、マネージャーになることを目指してはいるけれど、現実的な目標としては少なくとも2年は先になるような人材です。「ちょっと早すぎるTaylor」をどうするかは悩ましいところです。この熱心な社員を放っておくとPaycor社はポテンシャルのある人材を失うことになります。

　こういった学習者のペルソナは、すべての学習者が学ぶ準備ができており、学ぶことを望んでいることを示しました。そして、図6-5に示すよう

に、それぞれの学習ニーズによって、異なる学習資産へと導かれました。

このラーニングクラスターでは、社員が自分で学び方を選択し、学んだことをクラスに持ち込んでより深い議論を行い、自分の考えを共有したり、経験豊富なマネージャーからコメントをもらったりすることができます。クラス終了後の評価によると、このプログラムを通じて、Paycor社の文化はますます強くなっているとのことです。参加者はキュレーションされたリソースを高く評価しており、キュレーションによって提供されているそれらの教材がPaycor社の文化とPaycorリーダーにとって重要な能力に沿ったものであることを確信しています。

グレッグによると、「ラーニングクラスター・アプローチのもう1つの利点は、Paycor社の『ちょっと早すぎる Taylor』を完全に無視していないことです。この学習者がリーダーシッププログラムに参加する資格を得るまでには数年かかるでしょうが、Taylorはウェブサイトで"Aspiring Leaders Learning Path"とタグ付けされた資料を検索し、プログラム参加者のグループセッションや毎月の課題で使用している多くの資料を使用することができます。時期が来れば、Taylorは参加する準備ができているはずです」。

グレッグは、これまでの成果について次のように述べています。「1年半で4回目のコホートを実施していますが、その結果はすでに良好です。私たちの戦略的な目標を達成できたことを嬉しく思います。

「内部からの昇進」という目標について、私たちは、内部からの昇進を支援するという目標を掲げていました。参加者の11%がHiPoに指定され、昇進の予定があったのに対し、マネージャーを目指すコースを修了した人の15%が、この短期間で昇進しました。この数字は今後も上昇していくことが期待されます。

「従業員のエンゲージメントを高める」という目標に対しては、"Aspiring Ledders Learning Path"に参加したマネージャーに対する従業員エンゲージメント・スコアが平均で11%高くなりました。さらに、コーチング・インデックス・スコア（直属の部下によるマネージャーの年次評価）では、このプログラムに参加したマネージャーは、参加していないマネージャーよりも5％高いスコアを出しています。

「現場での行動変化の目標」は、同僚やメンティーの間で、これらのコ

ア・マネージャー・スキルについての議論を増やすことでした。質的な評価としては、参加者のボランティアと指名した人にフォローアップインタビューを行いました。参加者の多くは、"Aspiring Ledders Learning Path" によってネットワークが広がったことを非常に高く評価しており、自分の成功や問題、進化する視点などのコアマネジメントスキルについて、直属のワークグループ以外の人と話し合うことができるようになったという話を得ています。彼らはPaycor社のコアマネジメントコンピテンシーについてピアコーチングを受けたり、与えたりしています」。

OK-LCDによる違い：Paycor社では、ラーニングクラスターデザインを使って、従業員が学びたい時、場所、そして学ぶ方法を間隔を置いた学習を提供することで、マネジメント能力を構築することができ、誰もがその恩恵を受けています。

図6-5　**Paycor社のエマージング・リーダーのためのサラウンド・ツールの抜粋**

1．**ラーニングクラスターの名称**：リーダーを目指す（Aspiring Leaders）
2．**SPO（チェンジ・アクション）**：マネージャーになる可能性と意欲を持つ従業員のコア・マネージャー・スキル（添付のリストを参照）を向上させることにより、会社には内部からのマネージャー登用が増え、これらのマネージャー志望者がランクを上げていく中で、従業員のエンゲージメントが高まるというメリットを経営は得ることができます。（KPI指標：年1回のエンゲージメント調査と、従業員の上司に対する見方を反映した「コーチング指数」）　マネージャーを目指す人たちの現場での行動の変化としては、コア・マネジメント・スキルの適用や、コア・マネジメント・スキルについての同僚やメンティーとのディスカッションなどが挙げられます。
3．**学習者ペルソナごとの学習資産（ラーン・アクションとアップグレード・アクションより）。**

自薦のSandy	推奨されているRobin（HiPo）	中堅Matt
クラス研修（Webまたは対面式）、eラーニング、ブログ、ジョブエイドのダウンロード	メンター、クラス研修（ウェブまたは対面式）、ビデオライブラリー、成功事例のウェブリンク	上位のメンター、パネルディスカッションのリード（Learn by doing）

　すべてのペルソナには、本社にいる人と遠隔地にいる人が含まれます。また、すべての学習資産は、ローカルとリモートの両方を同等に扱う必要があります。

追加のペルソナ：「ちょっと早すぎるTaylor」です。Taylorはマネージャーになりたいと考えており、マネジメント研修を今から始めることでプロモーションに先んじたい

と考えています。Taylorはこのラーニングクラスターの焦点ではありませんが、当面の資産はすべてTaylorにも用意されています。現在のマネージャーは、熱意を封じ込めないように、Taylorをこれらのリソースに誘導するように言われています。

4. ラーニングクラスター開発

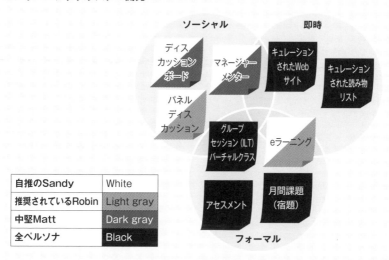

自推のSandy	White
推奨されているRobin	Light gray
中堅Matt	Dark gray
全ペルソナ	Black

学習資産	説明とコメント
アセスメント	マネジメントコンピテンシーに関連する現在の強みと開発機会を特定するためのオンラインアセスメント（要ディブリーフィング）
キュレーションされたWebサイト	記事、ジョブエイド、ビデオなど、月ごとのトピック別に掲載される
ディスカッションボード	グループセッションの前に課題について話し合うためのLMSのチャット機能。中堅 Matt（ファシリテーションのトレーニングを受ける）が進行役を務めることが多い。
eラーニング	月間テーマに関連したeラーニングコースをLMSで提供
グループセッション（対面＋ビデオ会議）	月に一度、参加者全員で16の月別トピックと課題のいずれかについて話し合うセッション（少人数制のアクティビティで、遠隔地の参加者も含めて1対1で参加者とやりとりするために電話も使う）
マネージャー・メンター	マネージャー育成トレーニングを修了した現役マネージャー（マネージャー志望の参加者ごとに割り当てられる）；Mattの場合は、上位のマネージャー
月間課題	課題問題とケーススタディを完備し、マネージャーを目指す人が課題を終えるために必要な学習教材を提案している。

パネルディスカッション	毎月のトピック分野に強みや経験を持つ現役マネージャーのパネルが、その経験を共有し、参加者の質問に答える
キュレーションされた読み物	マネジメント開発コンテンツのオンラインキュレーションリーディングリスト

未来のテクノロジー

　L&Dでは、トレーニングに使用できる最新のテクノロジーについてよく耳にします。しかし、1つのテクノロジーを中心にクラスやコース全体を構成することは、必ずしも答えにはなりません。新しいテクノロジーをどのように試すか、あるいは現在のツールセットにどう適合させればよいでしょうか？　特定のラーニングクラスターのために、テクノロジーごとの目的やデザインをどのように選択すればよいのでしょうか？　Foundry45の例を読みながら、そのバーチャルリアリティの活用について、ラーニングクラスターの中の1つの学習資産という文脈で考えてみてください。

　アトランタに拠点を置くバーチャルリアリティ企業のFoundry 45は、大小の組織と協力して、VRによる学習機会を実現しています。ここでは、学習におけるVRのいくつかの実例を見てみましょう。これらの実例では、ラーニングクラスター内にある学習資産のさまざまな最終目標を満たすためのVR活用の幅をハイライトしています。

- **技術的な「ハウツー」が目的の例：** Foundry 45は、大手運送会社の荷物配送仕分けライン上の「ピッカー」が荷物を適切に仕分けられるようになるためのトレーニングをVRによる倉庫体験を作成した。
- **ソフトスキルやクリティカルシンキングが目的の例：** Foundry 45では、複雑な能力に加えて、リーダーシップや重要な会話のスキルにも取り組んでいる。これらの能力については、VR体験が「自分で冒険を選ぶ」体験として機能し、学習者が出会う可能性のある人々を含む現実の環境が学習者を取り囲んでいる。学習者は、登場人物からの対話に直面し、どのように応答するかを選択しなければならない。クライアントから提供されたベストインクラスとワーストインクラスの反

応のデータに基づいて、ソフトウェアは状況をナビゲートするための理想的なパスがプログラムされており、学習者は適切に導かれ、テストされる。

・**気づきが目的の例**：航空会社のような顧客のために、Foundry 45は、空港の駐機場にある飛行機環境に人々が慣れるようなライブシナリオを作成した。

・**知識チェックが目的の例**：スキルを練習する、テストを受ける、VR環境の中にあるオブジェクトを指差す、会話を上手に進めるなど、あらゆるタイプのシナリオで、学習者が本当に「理解」したかどうかをテストする方法もある。

　あなたの会社では、VRのようなツールをどのように使うかを、どう決めているでしょうか？　昔のL&Dの考え方では、VRは一芸に秀でたツールと捉えられていたかもしれません。VRの場合は、技術的なスキルのハウツーシミュレーションのツールと捉えられがちです。しかし、OK-LCDモデルの力を借りれば、学習者の現場に身を置いた立場から学習を捉えることができます。私たちは、学習が必要な瞬間・タイミングに合わせて適切な資産を作り、それに適合するツールを調整することができます。今やVRのようなツールは、オンボーディングから交渉、オペレーションまで、あらゆる場面で活用できています。私たちは、学習者のペルソナ、戦略的パフォーマンス目標、学習のタッチポイントなどを考慮しながら、VRのような新しいテクノロジーに適切な学習ガイダンスを提供しています。

　これらの人々はソフトウェアの専門家ではありますが、L&Dの専門家ではありません。Foundry 45のような会社は、インストラクショナル・デザインの車輪を再発明しようとしています。彼らは、学習体験をデザインする方法を理解しようとしており、顧客に対して正しいデータを求めています。しかし、考えてみると、私たちL&Dは彼らのクライアントなのです！　新しいITやサプライヤーとのパートナーシップによって、私たちこそ自分たちの専門性に集中し、組織に未来をもたらすことができるはずなのです。デジタル時代に向けてL&Dがその能力をレベルアップし、戦略的な設計をすることで新しいテクノロジーが組織に対してインパクトを与えていることを確実なものにすることができます。

ファイナルノート

　サラウンドアクションによって、組織に最新の学習を提供する力を手に入れることができます。すべてのアクションは、パフォーマンスギャップを解消するための理想的なラーニングクラスターをデザインするために、互いに積み重ねられ、強化されています。

　これまでは、1つの教材を配信したり、その学習者のために設計されたわけではない教材入手のために学習者をさまざまな場所に誘導したりしていたかもしれません。しかし、今は、学習者を念頭に置いて戦略的に選択された一連の学習資産を、戦略的パフォーマンス目標に示された明確なターゲットとともに提供することができます。ここまでくると、とても大変なことのように思えるかもしれません。しかし、このような新しい世界を作るのはあなただけではありません。第9章で詳しく説明しますが、OK-LCDモデルを学ぶための他の方法から、次のプロジェクトを実現するための専門コンサルタントによるサポートまで、一連の学習資産を用意しており、あなたを支援します。今は、これまでに学んだことを整理統合するために、「振り返り」と「適用」の質問を見直してみてください。

　これであなたは、仕事上のパフォーマンスを向上させ、L&Dによる組織への貢献度を高める、現代の学習デザインの考え方とやり方を手に入れました。あとは、それを測定するだけです。そして、次の章である「トラックアクション（トラック・トランスフォーメーション・アクション：変化の確認のアクション）」では、自分たちの仕事についてインパクトのあるストーリーを語れるようにするために必要なものを紹介します。

振り返り

◆過去のラーニングデザインでは、研修クラスやコースを超えた教材が含まれていたことに心当たりはありませんか？　それは、ジョブエイドや、学習者の上司と一緒に行う向上のためのトレーニングプログラムだったかもしれません。これは、ラーニングクラスターとどのように似ていますか、あるいは違いますか？　もしラーニングラーニングクラスターが当時から当たり前だったとしたら、教材の受け取り方、使い方、デザイン

などに違いが出ていたでしょうか？

◆この章を通じて得た、ラーニングクラスターを作るためのサラウンドアクションを実践するための力となる1つまたは2つのアイデアは、何ですか？

◆すべてのトピックにラーニングクラスターが設置されたとき、学習者の体験はどのようなものになるでしょうか？

◆この章の最初に出てきた「L&Dのよくある話」の登場人物が抱えていた問題を考えてみましょう。OK-LCDモデルは、ジェイク、アナ、ニーナ、ニックにとって、以下の点にどのような変化をもたらすでしょうか？
・クラスルーム研修に対する反対の態度
・思い出すのが困難な研修数ヶ月後の記憶
・各人のニーズに合わせたスケジュール調整

適　用

◆あなたが最近取り組んだ学習イニシアティブについて考えてみましょう。もしそれをラーニングクラスターに変えるとしたら、次のことを達成するために何を変えるでしょうか？
・学習者ごとの違いに対応できる（違いを見極めるための調査が必要かもしれない）。
・資産を職場に投入し、学習者が意味のある学習資産に囲まれるようにする。
・教材を異なる方法でチャンク（分類）し、その分類を何度も再利用または再目的に使うことができる。
・注目している新しいハイテクツールをテストする。

◆付録のサラウンドツールをご覧いただくか、LearningClusterDesign.com/Book-Bonusから最新版をダウンロードしてください。各セクションに記入して、クラスターデザインを学ぶための練習を深めてください。

7 ▷ 参加者数だけでなく、変化の結果を測定する

ラーン
学習者ごとの
違いを学ぶ

チェンジ
業務上の行動を
変える

サラウンド
意味のある学習資産で
学習者を取り囲む

トラック
すべての人の変化
結果を追跡する

アップグレード
既存の学習資産を
アップグレードする

　ビッグデータなどの概念が注目される中、L&D施策は「参加の測定」から「変革の測定」へと進化しています。「トラックアクション」では、「チェンジアクション」で定義した望ましい業務上の行動やKPI変化の進捗を示す指標を選択します。これによって、ラーニングクラスターが、学習者（従業員）、ビジネス（経営や事業）、そしてL&D（人材開発部門）にとっても機能していることを確認することができます。これらのデータにより、L&Dは、今までのように過去に起こったことを報告するだけのレポートを提供することから、ビジネスとL&Dが継続的な変革のために使用できる最先端のデータを提供する方向へシフトできます。

学習者全体の変化結果を追跡する「トラックア
クション」により、フロントラインリーダーも、
「L＆Dの研修や人材開発費用には、それだけの価
値があるのか？」といった後ろ向きな質問から、
「人材のニーズを満たすために次にすべきことは

トラック
すべての人の変化
結果を追跡する

何か？　データはどのように示唆しているのか？」という前向きな質問に変わ
るのではないでしょうか。

　今日、オンライン学習であれオフライン学習であれ、L＆Dは、学習者の利
用状況や反応を中心に報告することが多いのが実情です。特定のプラットフォ
ームを利用した人の数や、特定のコースやクラスを修了した人の数を測定して
います。また、クラス終了時の「スマイルシート（終了時アンケート）」や、
オンラインコースの横にある「いいね！」ボタンで満足度を測ります。しかし、
「チェンジアクション」（第３章）で強調されているように、「どこに焦点を当
てるか」は「どこへ行くか」につながります。効果測定といっても、学習者の
反応や利用状況に焦点を当てることによって、何を得たいのでしょうか？　行
きつく先はどこでしょう？　L＆Dが会社に貢献していることをリーダーや従
業員に伝えれば、彼らは私たちの仕事を評価し、価値を認めてくれるでしょう
か？

　利用率や反応に焦点を当てるということは、「重要なことは『製品』を使っ
た人の数や、その場の体験に対する感想だ」と言っているのと同じことです。
もちろん、長年このようなデータを見てきた組織のリーダーにとっては、まさ
に期待通りのデータです。しかし、このような指標からビジネスインパクトに
ついて何を学ぶことができるのでしょうか？　このアクションでは、L＆Dは、
従業員の行動や態度とKPIといった両方の変化を報告することで、現場での変
革に焦点を当てます。そうすることで、持続的なパフォーマンスの向上と、将
来の学習イニシアティブを形成するのに役立つ未来志向のデータの収集が可能
になり、組織にとって重要なことについてのより詳細なストーリーを共有する
ことができます。

　この章では、まず、これまでとは違うL＆Dインパクトの測定アプローチ、
つまり学習者、ビジネス、L＆Dといった関係者すべての人の変化結果（トラ
ンスフォーメーション）を追跡するアプローチを見ていきます。次に、測定方
法の選択プロセスを段階的に説明するための「トラックツール」について説明

します。最後に、現代の学習アプローチを形成するための測定方法の変化について説明します。

L&Dのよくある話

[登場人物]

| CEO
Doug（ダグ） | CHRO
Chris（クリス） | CLO
Marissa
（マリッサ） | CFO
Marc（マーク） | CMO
Raj（ラジュ） |

場面：役員チームが定例会議のために集まっています。今日の議題は、人事部の期末報告と来年度の予算要求です。

「次の議題は、人事報告だ」。ダグは、チームに向かって言い、「クリス、君の出番だ！」とクリスを促した。

「ダグ、ありがとうございます」とクリスは言い、続けた。「ご存じのように、HRはいくつかの部門で構成されています。各部門のリーダーに来てもらっていますので、来年の計画について各リーダーからお話しします。まずは、L&Dのマリッサからです。マリッサ？」。

「ありがとう、クリス」L&Dのスコアカードが配られ、マリッサはこう言った。「スコアカードをご覧になっておわかりのように、すべての指標において順調に推移しています。私たちは、サービスを提供した従業員の数、研修開発プロセスの効率性、従業員による評価、テスト結果、使用状況に基づいて提供しているトレーニングの効率性を見ています」。

L&Dのためのスコアカード：2019年9月～2020年8月

項目	計測	前年同期比	オントラック	コメント
従業員へのサービス（正社員一人当たりの平均値）				
トレーニングコスト	$520	＋2％	Yes	インフレ率1.91
トレーニング時間/年/従業員	32時間	－5％	Yes	年率±8％で変動
コンプライアンス研修の実施	83％	＋2％	Yes	目標は80％以上
初回のコンプライアンス研修での合格率	60％	＋8％	Yes	目標は5％の改善
コンピテンシー研修	21％	＋2％	Yes	目標は20％以上
研修を受けた従業員の割合	89％	＋2％	Yes	目標は80％以上
トレーニングプロジェクトの効率化				
コスト削減	9,000ドルの節約	該当なし	Yes	外部講師の削減
新規研修プロジェクト費用	予算内	該当なし	Yes	
新規研修の実施時間（平均値）	80％ on time	＋10％	Yes	目標達成のためのスタッフ追加
トレーニングの効果性				
受講者のクラスの評価（平均）	82％	＋0.5％	Yes	目標はクラスの80％以上
受講者のテストスコア（平均値）	84％	1.3％	Yes	コンプライアンス研修のみ
コンプライアンス研修終了	87％	85％	Yes	DBは4％を占める
クラスルーム研修の時間	1,000時間	＋52時間	Yes	公式トレーニングのみ
eラーニング利用数	187プログラム	＋14％	Yes	205件の中から
リーダー層のeラーニング利用率（％）	35％	＋9％	Yes	前年度のデータなし
eラーニング完了数	37％	該当なし	Yes	前年度のデータなし

　マークが割って入りました。「マリッサ、君がすべての目標を達成したことは素晴らしいことだと思う。それに、研修講師を外部の業者ではなく社内から集めたことで、費用を節約できたのも素晴らしいことだ。でも、聞きたいんだが、この予算で得られる全体的な価値はどのようなものなんだい？　運用予算は比較的安定しているけれど、年間プロジェクト予算は、役員チームがリクエストしたり、同意したりしたプロジェクトに基づいて

いる。その費用で何が得られているのか、わかりやすいことは何かないかな？」。

「マーク、公平に考えようよ」とラジュがマリッサの話を受け継いだ。「1つは、新入社員が必要とする研修を受けられること。それがなければ、入社内定者は誰も私たちのオファーを受け入れてくれなかった」。

さらに、クリスも加わって、「コンプライアンス研修を実施していなかった場合の政府機関からの罰金や、その監査役のためにコンプライアンス研修関連の統計を取る人材を必要とするなど、莫大なコストを回避しています」。

「わかったよ」とマークは言った。「しかし、CFOがもう少し厳密な数字を求めていることを責めることはできない。クリス、従業員がコンプライアンス研修で平均84%のスコアを出しているのを見て、私は心配になったんだ。彼らは毎回100%の正解率を得るべきではないのか？」。

話はどんどん脱線していった。クリスは次の部署の報告であることを告げて、議題が移った。彼女はマリッサに、会議で提起された懸念事項を解決するためのメモを一緒に作るように頼んだ。後日、マリッサはチームに「役員会議を終えました。例年と同じような感じだったわ。クリスはこれまで通り、予算を守るために良い仕事をしてくれるでしょう」。

課題：OK-LCDモデルを使った場合、マリッサとクリスにどのような違いをもたらすことができるでしょうか？　この章を読み進めながら、この役員会議で提起された厄介な懸念や質問をL&Dが防ぐためにはどうすればよいか、以下の質問を考えながら、自分なりの意見をまとめてください。

・L&Dの目標は、経営層にとって意味のあるものですか？
・経営層は学習機能を持つことの影響と必要性を直感的に認識しているにもかかわらず、なぜL&Dの価値に対する疑問が繰り返し出てくるのでしょうか？
・L&Dは、単に経営陣の要望に応えるだけではなく、どのようにして会社の競争力を高めることができるのでしょうか？

　第3章の「チェンジアクション」で、L&Dが自らの業務目標定義をコース終了時に達成できることに限定していたため、明確なビジネスインパクトを提示できずに窮していたことを思い出してください。

　L&Dは長い間、ビジネスインパクトやROIを測定しようとしてきましたが、測定することは困難でした。つまるところ、ある特定の学習資産が仕事上のパフォーマンスに持続的な影響を与えたかどうかを誰がどうやって知ることができるのかという疑問にぶつかってしまっていました。多くのL&Dチームが変革の追跡をあきらめてしまう理由の1つは、1つのプログラムのインパクトを切り分けようとすることです。しかし、OK-LCDモデルを使えば、それが可能になります。トラックアクションでは、ラーニングクラスターによって可能になる新しい測定方法の考え方、L&Dのインパクトを報告できる測定方法の使用、複数の学習資産の複合効果の測定、3つの学習タッチポイントに適した測定方法の選択について解説していきます。

ラーニングクラスターの新たな可能性

　学習を必要とする多くの瞬間に対応した学習資産を備えたラーニングクラスターを提供することによって、従業員の業務上での学習資産が活用されれば、L&Dと従業員の業務との距離が短くなります。これにより、従業員の研修クラス終了後に起こる予測不可能な事態を減らすことができます（図7-1）。今では、そのようなラーニングクラスターの範囲が広がれば、L&Dの「製品」が業務上のパフォーマンスに影響を与えていることをより確信することができます。しかし、「製品」ラインに含まれる学習資産の数を増やすということは、測定すべきことも増えるということです。ラーニングクラスターの影響を正確かつ意味のある形で報告するためには、データに埋もれることなく、どのような指標を追跡するべきかを意図的に決定する必要があります。

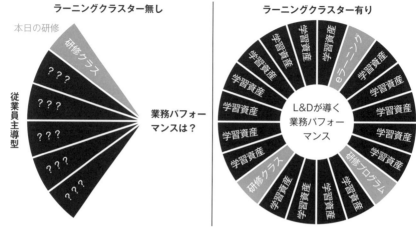

図7-1　インパクト測定の予測不能性を低減する

トラックアクションとは、戦略的パフォーマンス目標の達成に必要な変化を追跡するためのラーニングクラスターの測定値を選択することです。変化のインパクトを追跡するにあたって、その測定法が重要である主な理由を考えてみましょう。強力な測定値を設定することによって以下のことを可能にします。

- **意味のあるターゲットを明確にすることによって**、学習者、L&D、そして会社が現在目指している「ゴール」を知ることができる（KPI、OJTでの行動）。
- 更なる資金やリソースの投入や支援を促す**価値を示す**ことができる。
- ラーニングクラスターの有効性と**認知度を高められ**る。
- L&Dから、何が学習者（従業員）にとっての有効ポイントと改善ポイントであるかを**内部フィードバックとして提供する**。

測定が重要であることは間違いありません。あとは、どうやってそれを活用するかです。

変化を示す指標を重視すること

OK-LCDモデルの重要な原則の1つは、職場での行動を変えることです。トラックアクションを開始する際には、チェンジアクションで定義し、ラーニ

ングクラスターに付随して記載されている期待行動とビジネス指標を記載した指標を確認します。カークパトリックの「評価レベル」に精通している方は、OK-LCDの測定と「評価のレベル」に関する理念が一貫していることに気づかれているかと思います。

私たちの経験では、L&Dがリソース（予算確保や人材確保など）に苦労するのは、価値が明確に示されていないからです。そのため、トラックアクションでは、カークパトリック・レベル3と4を測定して報告することを重視しています。これらは、経営者や事業部門が最も気にするデータなのです。

しかし、認知度が上がらなければ、せっかくの施策も台無しになってしまいます。まず、学習者がラーニングクラスターの存在を認識する必要があります。従業員が「製品」を使ってくれるように、マーケティングプランやシステムを作っておきましょう。その計画やシステムが機能しているかどうか、ラーニングクラスターの認知度を測定して確認してください。

次に、ユーザーが、それらの「製品」は、自社のL&Dを通じて入手できていることを認識してもらうことです。すべてのラーニングクラスター、すべての学習資産、すべてのL&Dシステムには、L&Dのロゴやブランドマークを付けるべきだと私たちは考えています。L&Dは、Net Promoter Score（NPS）のような指標を入れて、L&D製品に対する顧客の視点を得ることが必要でしょう。

NPSは、フレデリック・ライクヘルドとベインの研究に基づいており、顧客ロイヤルティを理解するためには、1つの質問が最も効果的であることがわかっています。「あなたはどれくらい『xyz』を他の人に推薦しますか？」（Reichheld 2003）。　NPSは、その理由や、満足できないスコアに対する対処法を教えてくれるわけではありませんが、NPSのスコアが高いということは、多くの人が製品の価値に個人の評価を付けようとするほど、その製品に関心があることを示しています。この考え方は、ラーニングクラスターにも応用できます。良いNPSを報告するだけでも、私たちは変革を広めるための牽引力と認識を得ることができます。

また、L&Dの改善に対するフィードバックを得て、基本的な期待を満たすためには、レベル1と2は依然として追跡されるべきです。しかし、主な焦点は、対象となる学習者グループのパフォーマンスの変化を反映した測定基準と、その結果としてのビジネスインパクトにあります。

カークパトリックの評価基準

　1960年、ドン・カークパトリックは、L&D業界にとって非常に有用なトレーニングの評価方法として４つのレベルを提案しました。その４つのレベルとは、

- **レベル１／リアクション：**「学習者」が「学習資産」を好ましい、魅力的、自分の仕事に関連した適正がある、と感じたかの度合い。
- **レベル２／学習：**「学習資産」への参加・利用により、意図された知識、スキル、態度、自信、コミットメントを「学習者」が獲得した度合い。
- **レベル３／行動（または現場での適応）：**「学習者」がトレーニング中に学んだこと、「または学習資産の使用を通じて」仕事に戻ってからそれを適用する度合い。
- **レベル４／結果（またはインパクト）：**研修や関連する業務サポートと説明責任のパッケージの結果として（または、ラーニングクラスターの結果として）、目標とする成果がどの程度発生したかの度合い。

　カークパトリックの研究をもとにした方法論は他にもあります。例えば、フィリップスのROIメソドロジーでは、２つのレベルを追加しています。レベル０は、研修プログラムの数や参加者数、聴講者数、コスト、効率性などを測定し、レベル５のROIは、金銭的な利益とプログラムにかかったコストを比較します。

複 数 の 資 産 の 複 合 効 果 を 測 定 す る

　測定に関して言えば、OK-LCDモデルと過去のモデルとの大きな違いは、トラックアクションにおいてラーニングクラスターに編成された複数の学習資産の影響を考慮していることです。これは、L&Dにとっては非常に新しい考え方です。既存の方法論では、厳密には１つの学習資産を評価することに焦点が当てられており、しかも、フォーマルな学習資産しか評価できていませんでした。OK-LCDの実践者は、レベル３と４の「行動」と「結果」を、個々の学習資産レベルではなく、ラーニングクラスター全体のレベルで測定するので

す。これが非常に重要なことなのです。

　以前、L&Dの成否は、1つの学習資産の使用状況に左右されることが多かったのですが、そうすると、人々がその資産を使用していなければ、その資産は削除されるか、更新されるか、あるいは埃をかぶったままにされていたかもしれません。しかし、ラーニングクラスターの世界では、L&Dは誰もが各資産を平等に使用しないことを承知の上で学習資産を設計します。これは、「ラーンアクション」での取り組みの一環として、意図的に行われたものです。つまり、使用率が低いことをL&Dの失敗とみなすのではなく、学習者の微妙なニーズを満たすことができたかどうかを示すと捉え、ラーニングクラスター全体での成功を報告するようになっています。しかし、効果が出ていない場合は、もちろん、資産を削除することもできます。NPSやカークパトリック・レベル1、2のような指標は、ある資産がペルソナのニーズを満たしているかどうかを示し、ラーニングクラスターに含まれる資産を見直す必要があるかどうかを教えてくれます。

ラーニングタッチポイントごとに適切な指標を選ぶ

　このアクションでは、学習資産がソーシャルなものなのか、フォーマルなものなのか、あるいは即時的な学習のタッチポイントなのかによって、「リアクション」「学習」「行動」の測定値がどのように異なるかを明らかにします。学習の神経科学とAGESモデルから、感情が学習に大きく関係していることがわかっています。例えば、同僚とのコーチングコールとeラーニングコースで同じトピックを扱っているときとでは、学習者の感情がどのように異なるかを考えてみましょう。3つの異なるラーニングタッチポイントに属する学習資産に関しては、何を測定するか、どのように測定するかが大きく異なる可能性があります。これらの違いを測定することで、学習者のペルソナにとって何が望ましい行動を促すのかが見えてくるでしょう。

　例を挙げてみましょう。即戦力となる学習教材として、You Tubeのような動画を考えてみましょう。その効果をアプリケーションレベルで評価するにはどうしたらいいでしょうか？　YouTubeの動画を見た後、学習者が課題を完了できたかどうか、というシンプルな指標でもよいでしょう。あるいは、学習者が業務で成功するために追加の教材を探さなければならなかったかどうかを測定することもできます。この場合は、学習者に直接質問することが1つの指

標になります。「タスクを完了するために必要なのは、このビデオだけでしたか？」と言ったような質問です。別の方法としては、バックグラウンドアナリティクスを使って、業務に戻る前に何人がビデオを完了せずにビデオを早く止めたり、別の資産に移ったりしたかを間接的に測定・追跡することもできます。

　同じようなハウツーの状況でも、ソーシャルラーニングやフォーマルラーニングの場面ではまったく違うものになります。例えば、研修クラスの最後では、学習者が自分で学習タスクを完了できたかどうかを確認するために、知識チェックや練習用のシミュレーションを使用した学習レベルを測定することしかできないかもしれません。指標としては、何人が知識チェックに合格したか、シミュレーションを完了したかを報告するだけです。クラス内でのアクティビティの代わりに、トレーナーにクラス後の評価をしてもらうという方法もあります。

　「トレーナーから見て、研修内のアクティビティにおいて80％以上の参加者が習得した能力を発揮していましたか」といった質問をします。

　最後に、L&Dの効率と効果を追跡するための指標を探します。例えば、読み物系の資料のヒット数を測定することで、ユーザーの好みや、学習コンテンツの存在を認知させる必要性について知ることができます。もし誰も学習資産をクリックしておらず、他の手段でその認知を得ているのであれば、L&Dはこのような資産を削除して、自分の作業量を減らすべきかもしれません。注意点としては、学習者の10％しか使用していないからといって、学習資産タイプを削除しないことです。その10％の学習者はその資産に高い価値を見出し、本当に必要としている可能性が高いからです。学習者が何を求めているのか、何を必要としているのかの全体像を把握し、成果につながる学習や行動を可能にするために、このことを念頭に置いて施策を立案してください。

　この5つめの最後のアクションを完了すると、追跡すべき指標とシステムを選択したことになり、L&D、学習者、そして経営や事業といったすべてに対する変化結果を追跡することができるようになります。

OK-LCDストーリーの続き

[登場人物]

CLO
Marissa
（マリッサ）

CEO
Doug
（ダグ）

CHRO
Chris
（クリス）

L&D Manager
Digital Design
Jon（ジョン）

場面：ジョンは、コンプライアンスのためのラーニングクラスターの提案を、新しい施策を含めて発表しました。マリッサが彼にフィードバックしています。

　ジョンの提案を聞いたマリッサは、「コンプライアンス研修のための新しいラーニングクラスターのアプローチが気に入ったわ。特に、測定をどのように計画しているのかについてです。あなたが何を変えようとしているのか、まとめてみるわね。私の考えが正しいかどうか教えくださいね」。

　「まず、アップグレードされたLMSですべてが追跡されるようになりました。ダッシュボードには、コンプライアンステストの完了が遅れている社員とマネージャーの割合が表示されます。また、月次レポートでは、問題点が指摘され、フォローアップすることができます。測定は、もはや年に一度のイベントとして行うことはしません。なぜなら、事後に介入して改善するには遅すぎるからです」。

　「2つめに、フォーマルなコンプライアンスeラーニングコースと関連するテスト以外の学習資産を追加しました。これらは、学習者の身近なタッチポイントやソーシャルラーニングのタッチポイントにリーチするものです。年に一度のeラーニングコースとテストの間に、一年を通しての学習を提供することができるということですね。私が特に気に入っているのは、『コンプライアンス・ストーリー・オブ・ザ・マンス』というコンセプトです。従業員、内部監査員、管理職の全員からストーリーを募ることで、すべての人にとって役立つインサイトを得ることが期待できます。そのストーリー共有は、行動の変化が起きているという定性的な測定で行うということです」。

「３つめは、ビデオに対する『いいね』するコメント機能、オンラインのジョブエイドなど、社員がこれらの教材を見つけているかどうか、役に立つと思っているかどうかを示す指標を追加したこと」。

　「最後に、部門別の内部監査のスコアを取得し、コンプライアンス研修のオンタイム完了率やコンプライアンステストの正答率と相関させることを提案していて、それによって、コンプライアンスに消極的な組織を説得できるかもしれない。トレーニングを受講した従業員の割合が高い組織では、監査のスコアが向上するのではないだろうか、ということね？」。

　ジョンはうなずいた。「それでいいですよ。最初の年には、特にラーニングクラスターの全体的な影響について、他にもいくつかの指標を試してみたいと思います。でも、これでほとんど終わりです。L&Dに多くみられるような年に一度の“コンプライアンス・ミル”を超えて、コンプライアンス研修がより使いやすいものになるように従業員をサポートできるのは良いことだと思います」。

OK-LCDの違い。 トラックアクションを完了することで、ジョンは、単純なコースや学習資産の使用率やリアクションの指標だけではなく、ラーニングクラスターがビジネスに与える影響の全体像を示す指標を提案できるようになりました。

アクションのインパクト

　トラックアクションは、モデルの一番右側にあります。これは、チェンジアクションとサラウンドアクションでもこれらの指標を検討していますが、ラーニングクラスターを組織に展開する前に行う最後のアクションだからです。また、モデル図にフィードバック矢印が示されているように、前の４つのアクションを時間をかけて改善するためのフィードバックや手がかりを提供する継続的なアクションでもあります。

　多くの組織は結果を追跡せず、直感や過去の手順に頼ってトレーニングプログラムを設計しています。また、レベル１の評価では、受講者が研修を気に入っているかどうかを判断し、気に入っていればそこから学んでいる可能性が高

いと考える組織もあります。また、受講者が何を学んだかを証明するためにレベル2の評価を行う企業もあります。しかし、受講者がトレーニングを気に入り、そこから学んだにもかかわらず、それを実行しないとしたら、会社にとってどんな価値があるのでしょうか？　L&Dはもっと上手くやれるはずです。私たちは、自分たちのトレーニングが、結果を出すための行動を引き起こすことを、自分自身や他の人たちに証明することができます。もし、そうでなかったら？　それもまた学びです。上手くいかないものを作ることにキャリアを費やしたいと思う人はいないでしょう。施策を掘り下げ、行動と結果を促すものを見つけ、それらを構築していきましょう（図7-2）。

図7-2　トラックアクションのマインドセットシフトのまとめ

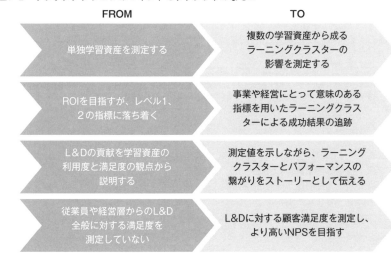

FROM	TO
単独学習資産を測定する	複数の学習資産から成るラーニングクラスターの影響を測定する
ROIを目指すが、レベル1、2の指標に落ち着く	事業や経営にとって意味のある指標を用いたラーニングクラスターによる成功結果の追跡
L&Dの貢献を学習資産の利用度と満足度の観点から説明する	測定値を示しながら、ラーニングクラスターとパフォーマンスの繋がりをストーリーとして伝える
従業員や経営層からのL&D全般に対する満足度を測定していない	L&Dに対する顧客満足度を測定し、より高いNPSを目指す

実施したアクション

　トラックツールは、他のアクションから得た学びを収集し、L&Dの製品であるラーニングクラスターの影響を示す指標に変換することに役立ちます。このセクションでは、3つのステップからなるツールのニュアンスを説明します（図7-3）。

図7-3　トラックツール

ラーニングクラスター　　　　　　測定値

戦略的パフォー
マンス目標
（学習者、望まれ
るKPIと行動）

ソーシャル
people

即時
24/7 now

フォーマル
start/end

関連

KPIと学習資産による
インパクト

パフォーマンスギャップをなくす

ラーニングクラスター名
ラーニングクラスター戦略的パフォーマンス目標

ステップ1：ラーニングクラスター全体での施策の選択

　この一連の測定の目的は、そのアプローチが機能しているかどうかを判断することです。KPIが向上するよう行動を変えている従業員のクリティカルマスを構築する際のトレンドを特定できますか？

何を測るのか	データの入手方法	クラスター前の値	ゴール	クラスター後の値
KPI _____				
行動1				
行動2				

ステップ2：主要な学習資産の測定

　この一連の測定の目的は、L&Dが学習者のニーズを満たしているかどうかを判断し、注目されるストーリーを共有するメトリックを持つ学習資産を特定することです。

学習資産	SFI	測定値	カークパトリック・レベル1-4	ゴール	データの入手方法と時期
例：メンタリングプログラム	S	1．メンターが自分のパフォーマンスを向上させてくれると思うメンティの割合 2．メンティの証言とメンターの体験談	3	1．70%トップ2ボックス 2．4半期ごとに2つのベストプラクティスを共有	アクティブなメンティ・メンターペアを対象とした2つの質問によるアンケートを四半期ごとに実施（回答率80%）

ステップ3：共有するいくつかの施策を選ぶ

1.
2.
3.
4.
5.

　トラックツールの主なステップは3つあります。1つめは、チェンジアクションで策定した戦略的パフォーマンス目標を確認することで、ラーニングクラスターの測定方法を検討すること。2つめは、学習のタッチポイントの違いを考慮して、主要学習資産に対しての異なる測定方法や基準を特定することです。最後に、測定方法と測定基準を絞り込んで戦略的な選択をし、その絞り込まれた測定方法のリストから、L&Dチームとして、影響の大きいラーニングクラスターについて経営層に報告したいと思うものをいくつか選択します。

ステップ1：戦略的パフォーマンス目標の確認

　戦略的パフォーマンス目標を確認することで、ラーニングクラスターで何を測定することが最も重要であるかを特定します。チェンジアクションを徹底的に行ったのであれば、KPIと行動の部分に、ラーニングクラスター全体のパフォーマンスについて「何を測定するか」の概要が書かれています。利害関係者が期待する行動変化の尺度を特定します。そして、これらのデータをどのように取得するかを決定します。これらのデータを得るためには、他の部門と提携する必要があるでしょう。このような行動変化の測定は、KPIの改善を早期に予測する貴重な指標となる可能性があります。

ステップ2：各学習項目の確認

　各学習資産はどの学習タッチポイントに該当するでしょうか？　資産の改善のためのフィードバックを集めることに焦点を当てて、各学習資産に対してレベル1の反応評価を得る方法を挙げてください。以下はその例です。

- **動画**：コメント欄に「いいね（サムズアップ）／よくないね（サムズダウン）」の機能をつける。コメント欄の前には、「この動画の何が役立つと思いましたか？」などの質問を入れる。
- **ジョブエイド**：インタラクティブPDFリンクでは、「役に立ちましたか？→はい・いいえ」という質問に、「なぜ、そう思いましたか？」というオ

ープンボックスの書き込み欄を設ける。

- **ピア・コーチングやメンタリング**：ペア双方に対して2～3の簡単な質問をミーティング後評価シートとして用意する。バーチャルミーティングの場合は、モバイルアプリやMicrosoft Teamsなどのオンラインソーシャルコミュニティツールの一部として利用することができる。
- **その他さまざまな資産に対して**：「この学習資産を他の人にも推奨しますか？」と聞くだけでもNPSを測定することができます。

それから、レベル1を超えて、学習資産による学習者のパフォーマンスの向上をどのように実証できるかを考えます。ソーシャル・メソッドでは、他の人（SMEや学習者の仲間、あるいはマネージャーなど）にパフォーマンスの成長についてコメントしてもらうことが1つの方法です。そのような発言を記録する方法を考えてみましょう。即効性のある学習タッチポイントの資産については、L&Dが提供する慣習的なツールであるパフォーマンスの自己評価や自己リフレクションツールなども考えられます。フォーマルな学習のタッチポイントでは、対面上でのコンピタンス（能力）のデモンストレーションを使うことができます。

レベル3の「行動」とレベル4の「結果」を示すためには、一貫した質的データが重要です。例えば、ラーニングクラスターが文化の変化に関するもので、学習資産がディスカッション・フォーラムである場合、フォーラムの回答のワードクラウドを毎週作成して、時間の経過とともに変化する言語の性質を見ることができます。単にフォーラムへの投稿数を報告することよりも、これらのデータは、ステークホルダーにとって強力なものになります。

ここでは、ビッグデータに関連する新しいテクノロジーが大いに役立ちます。（詳しくは、P168の「未来のテクノロジー―ビッグデータとL&D」をご覧ください）

ステップ3：選択する

最後に、あなたが計画した追跡調査の方法と測定基準に目を通してください。どの方法が、ステークホルダーとのコミュニケーションや、戦略的パフォーマンス目標に向けたL&Dの活動のインパクトを示すのに最も適しているでしょうか？ L&D以外の人が、あなたが共有するものに注意を払うことを忘れな

いでください。その時、L&Dとしての重要指標と、スポンサーに対して彼らの成功に貢献していることを認識してもらうためのステークホルダーや従業員と共有する重要指標とを分けて考えることが大切です。

　レベル1の評価指標は、一般的にL&Dの継続的な改善戦略の一部となりますが、この種の指標は必ずしもステークホルダーや従業員にとって付加価値のあるものではありません。レベル1の改善提案にすべてのリソースを費やすことがないように注意してください。その代わり、一歩下がって大局的に見て、L&Dのインパクトや価値をステークホルダーや従業員に示すレベル3や4の評価指標を選択しましょう。報告書やスコアカードには、必ずラーニングクラスターのインパクトを示す指標を入れてください。

　トラックツールは、ラーニングクラスターのインパクトを測定するための、私たちの現在のアプローチを表しています。これは、異なる学習資産には異なる測定方法が必要であることや、パフォーマンスの変化に対する複数の資産の複合的な影響をどのように見るかを考えるためのフレームワークです。また、以下のような測定基準を特定するために、実績のある他のプロセスを検討することで、測定に関するテーマをより深く掘り下げることもお勧めします。

　・世界中の5,000以上の組織で採用されている**フィリップスのROI手法**は、カークパトリックの「評価のレベル」のワークを体系化し、発展させたものです。

　・**Basarab氏のPredictive Evaluationモデル**は、学習資産の意図するゴールと学習者が取る必要のある行動を特定することを中心としたモデルです。その上で、L&Dチームは、意図された目標や行動に賛同してくれる学習者の割合を予測し、ビジネスへの影響を計算する機能を作成しようと努めます。

　L&D業界が前進していく中で、これらの厳格な手法を修正して、複数の学習資産の複合的な効果を測定する方法を見つけ出す必要があります。もし、読者の皆さんが測定方法を知っていたり、共有できるアイデアがあれば、ぜひ私たちに教えてください。L&Dネットワークで共有することは、私たちの職業に対する敬意を高め続けるための素晴らしい方法です。そして、LearningCluster Design.comで、どのアイデアが業界で人気を集めているかをチェックしてみてください。

未来のテクノロジー―ビッグデータとL&D

ビッグデータは大きなニュースです。そして今、それは、これまで以上に、方法さえ学べばL&Dにとっても利用できるものなりました。

データの量

データは、営業、マーケティング、オペレーション、リサーチ、LMS、社内ウェブサイトなど、あらゆるところに存在します。あなたのSPOがビジネスにとって重要なものにつながっているなら（そうであるべきです！）、ビジネス戦略の一部としてすでに追跡されている測定基準があるでしょう。あなたの戦略的パフォーマンス目標のKPIを振り返り、誰がどのようにデータを追跡しているかを調べてみましょう。データがどこにあるかをよく知っているIT部門と可能性を探ることや顧客のデータソースを利用したり、社内の他の組織に目を向けてみましょう。

データツール

データサイエンス、機械学習、深層学習（人工知能における機械学習のサブセット）は、企業がデータを活用するための強力なツールです。これらのツールは、パターンや将来の傾向を明らかにし、それを活用することで収益を最大化することができます。過去のパターンを調べ、それをもとに学習者や企業の将来のニーズを予測する「外挿法」を用います。

L&Dキャパシティ

ビッグデータを活用するためには、何を学べばいいのでしょうか？　役に立つスキルをご紹介します。

- **データ戦略力**：正しい問いを立てているかの確認とデータを得るための最も効率的で的確な方法を決定できる。
- **データビジュアライゼーションのスキル**：多くのデータを持っている場合、複雑になりがちな意味のあるプレゼンテーションをビジュアルの使用によって単純化することができる。
- **批判的思考力**：データセットや解釈の妥当性や偏りに疑問をもつことができる。
- **テクノロジープラットフォームのスキル**：Tableau、xAPI、SASな

ど組織で一般的に使用されているソフトウェアの認定やトレーニング
を受け、データ可視化ができる。

　上記のスキルや能力は、従業員のニーズや組織の文化的傾向、新たなビ
ジネス上の問題を理解するのに役立つと思われるビッグデータ活用の一側
面の一部です。L&Dは、データを活用して、どのような学習を構築する
か、人材育成をサポートするためにどのようなインフラを整備するかを戦
略的に選択し、トレーニング提供に対する要望に先手を打つことができま
す。ビッグデータの活用と聞くと、前に進む以前にすべてのデータが必要
だと考えられるかもしれませんが、それは、注意すべき点でもあります。
多くのデータが集まるのを待つのではなく、今あるデータを利用して、そ
れを元にできることも考えてみてください。また、考慮することなく数字
を使うことを避けるのも重要です。データだけでなく、それに対するあな
たの解釈や、結論を出すためのプロセスを共有することで、ストーリーの
全体像を伝えましょう。自分のストーリーやデータを他の人と共有し、別
の解釈やコンセプトを得ましょう。それから、データに基づいた提案を示
すことで、経営層などからの支持を得て、提言を進めていきましょう。
　ビッグデータの動向には注目し続け、それを活用できるチャンスがあれ
ば、その機会を利用することによって、ビッグデータに対する鍛錬のチャ
ンスがあれば、それを利用しましょう。

実践編

　VISAのスラヴァニ・タマラジュ氏は、私たちが提供している２日間の
ワークショップでラーニングクラスターデザインに出合い、新入社員オン
ボーディングのためのラーニングクラスターを開発・導入しました。トラ
ックアクションでは、彼女はいくつかのユニークな方法で変革の結果を伝
えることにしました。報告可能な指標や測定評価のうち、３つのものに焦
点を当てました。NPS（ネット・プロモーター・スコア）、質的データ、
そしてキャップストーン・プロジェクトを通じたコンピテンシーの実証で
す。彼女が初めてラーニングクラスターを試験的に導入したとき、ラーニ
ングクラスターは53という優れたNPSを獲得しました。ちなみに、NPS

が０を超えると「良い」、50を超えると「優れている」、70を超えると「世界レベル」ということになっています。

　彼女は一通りのフィードバックを集め、いくつかの変更を加えました。２回目の導入後、ラーニングクラスターはクラス最高のネット・プロモーター・スコア87を獲得しました。彼女にとってNPSは単なる数字ではありません。なぜなら、彼女はラーニングクラスターが全社員にL&Dの価値を示すことになることを知っていたからです。「入社２年目の社員が、この新入社員プログラムに登録できるかどうか尋ねてきます。これはすべて口コミで広がっています」。

　NPSの力に加えて、プロモーションビデオによるパフォーマンスの変化を追跡しました。このビデオは、L&Dプログラムを社内に売り込む手段となるのと同時に、ラーニングに対する社内の熱意を呼び起こし、経営層からの賛同を得て、グローバルに採用されました。「これまでにやったことのないこととして、受講生が１週間を過ごす様子を録画してもらうことにしました。それを週の終わりに２分間のビデオにまとめ、そのビデオを経営層に送ったところ、キャリアの浅いプロフェッショナルの新しい学習経験に非常に満足してくれました。このビデオによるアプローチにはいくつかの利点があります。オンボーディング・プログラムの後、参加者に間隔を空けて学習するためのリソースを提供したこと、そして、学習体験の価値をインパクトのある方法でリーダー層や他の人々と共有したことです。さらに、このビデオは現在、採用活動にも使われており、候補者は新入社員がオンボーディングの最初の数ヶ月間に受ける学習機会を見ることができます」。

　スラヴァニの新入社員プログラムは、特にテクニカル面での能力開発を実証しています。新入社員のラーニングクラスターの一環として、学習者は、VISAの副社長や上級副社長が提起する決済業界の最新の課題リストに対して、革新的なソリューションを開発します。現在、６人の新入社員によるアイデアが、VISAのイノベーションチームを通じて特許出願につながっています。このラーニングクラスターは、VISAにとっても、採用した人たちにとっても、入社後３ヶ月でゲームチェンジャーとなりました。VISAのリーダーたちは、ラーニングクラスターの力を確信しています。スラヴァニによれば、「（リーダー層の）反応は驚異的です。学習する組織

としてのリーダー層との協力関係は特筆すべきことだと思います」。

　5つめと最後のアクションである「全員の変化結果を追跡する」を完了することで、スラヴァニは、L&Dのプロフェッショナルとしての会社への貢献を伝えることができました。それによって、彼女はさらなるスポンサーシップを獲得し、組織全体でL&Dの成功に対する認識を高め、新入社員の仕事上の行動変化に対する期待を上回るものとなりました。このように、ストーリーに説得力があれば、強く予算要求をする必要もありません。

ファイナルノート

　本章では、研修クラス終了時の目標を達成するだけではなく、職場での行動変容に責任を持つという新しい業務責任に基づいて、L&Dの仕事を評価するための新しい可能性を共有しました。L&D業界がラーニングクラスターの開発と提供に移行するにつれて、「学習」による業務やビジネスのKPIやROIへの影響を確信することができるようになるでしょう。ここでは、複数の学習資産の効果を測定するというユニークな課題にどのように対処するか、また各学習のタッチポイントに必要となる異なる測定方法や測定基準について話しました。さらには、このトラックアクションでの作業の指針となるツールについても説明しました。この章で学んだことを補足したり強化したりするためには、ここに掲載されているいくつかの学習資産を使用することを検討してください。

- ・トラックツール：最新のバージョンを付録にしましたのでご覧ください。今後のバージョンアップについては、LearningClusterDesign.com/Book-Bonusをご覧ください。
- ・OK-LCDラーニングクラスター（第9章参照）は、読者の皆さんが、自分の職場でこのモデルを使用できるよう、その設計能力の向上を支援することを目的に提供されています。
- ・第8章では、5つのアクションと関連するツールを用いたOK-LCDモデルの実践例を紹介します。
- ・OK-LCDモデルの他のアクションの章では、それぞれのアクションがどのように他のアクションをサポートしているのかを知ることができます。

この５つめと最終のアクションは、成功した学習、パフォーマンスの向上、そして学習者全員の結果に対するあなたの貢献について、ステークホルダーや従業員が聞くストーリーに責任をもつことに焦点を当てます。OK-LCDモデルは、複数の学習資産をもって業務における行動変化をターゲットにするという基本原則に基づき、L&Dがスポンサーシップを得て、意味のある洞察力を発揮し、組織内の重要な文化構築者としての認識を得るための新たな扉を開きます。この最終アクションのツールは、出席率、使用率、満足度だけに焦点を当てるのではなく、ラーニングクラスターの力をより完全に、より正確に伝えることを促します。

振り返り

◆あなたの組織では、現在、学習イニシアティブの影響を測定していますか？　現在の測定方法は、本章で説明したものと比べてどうですか？

◆全員の変化結果を得るための「トラックアクション」を実践するためにこの章から得たいくつかのアイデアはなんだったでしょうか？

◆L&Dの成果や貢献について、現在とは異なる、あるいはより良いストーリーを構築するにはどうしたらよいでしょうか？

◆OK-LCDモデルは、「L&Dのよくある話」の登場人物に対して、以下の分野でどのような違いをもたらすことができるのでしょうか。

・経営層にとって意味のあるL&D目標の作成

・L&Dの価値、影響、必要性に関する疑問を解消する

・受け身的なL&Dから、企業の競争力を高めるL&Dになるためには？

◆あなたが取り組んでいる最新の学習イニシアティブについて考えてみましょう。最も可能性の高い施策をいくつかブレインストーミングしてみましょう。

・職場でのパフォーマンスの変化を実証する。

・ラーニングクラスターが職場で成功していることを示すストーリーを知るのに役立つこと。

◆付録のトラックツールを見るか、LearningClusterDesign.com/Book-Bonusからダウンロードしてください。各項目を埋めることで、「トラックアクション」の実践を深めることができます。

8 ▷ まとめ OK-LCDの例

〝全体は部分の総和に勝る〟
─アリストテレス

　本章では、GottaLearn社の架空のケーススタディを通して、OK-LCDモデルを見ていきます。GottaLearn社のケースを読みながら、以下のことを考えてみてください。

- ・5つのアクションとツールは、ビジネス課題の解決にどのように役立つのか？
- ・OK-LCDモデルを使うメリットは何か？
- ・このケースは、あなたが直面している状況とどの程度似ているか？　自分たち特有の状況に対して、どのような調整が必要か？

GottaLearn Corporationのオンタイム・デリバリー・パフォーマンス・ギャップ

概要：GottaLearn Corporationでは、主要な数プロジェクトが目標完了日に間に合っていませんでした。調査の結果、問題が特定されました。問題は、チームのメンバーに時間管理のスキルが欠けているにもかかわらず、成果物を過大に約束してしまったことでした。L&Dチームは、この問題を解決するために、GottaLearn社全体で約900人のプロジェクトチームメンバーに時間管理（タイムマネジメント）のクラスを提供することを求められました。このタイムマネジメントトレーニングは、OK-LCDモデルを使用する最初の大きなプロジェクトです。

チェンジアクション：業務における行動を変える

　最初のタスクは、チェンジアクションを使ってプロジェクトの目標を設定することです。GottaLearn社の各チームは、状況を分析し、戦略的パフォーマンス目標（SPO）を明記し、全員の認識を一致させるために経営層の賛同も得ました。

SPOの作成

　L&Dチームは、人事問題分析レポートを読み、プロジェクトスポンサーから聞いた状況について議論しました。SPOを作成するために、チームメンバー、プロジェクトマネージャー、プロジェクトのマイルストーンにサインをして予算を承認するリーダー、カスタマーリレーションズのリーダーという4つのグループにインタビューをして、さらなる洞察を得ました。また、納期に間に合ったプロジェクトと、大幅に遅れたプロジェクトの関係者にも話を聞きました。その結果、いくつかの新しい知見が得られました。

- **チームメンバー**：チームメンバーは、フルタイムでチームに参加しているコアメンバーと、複数のチームに所属してチーム以外にも責任を持つパートタイムメンバーの2種類のメンバーで構成されています。これらのパートタイムメンバーは、営業部、安全管理部、人事部などの機能部門に所属しています。
- **テクノロジー**：各チームは、クラウドベースのプロジェクト管理システムを使用して、タスク、リソース、予算、タイムラインを管理しています。このシステムには、従業員のカレンダーと統合できるタイムマネジメントアプリ（TM-App）と呼ばれる機能が含まれており、従業員が予定通りに仕事を進められるようになっています。TM-Appを使用しているプロジェクトはごくわずかで、それらのチームはすべてプロジェクトの締め切りを守っていました。
- **既存の「時間管理（タイムマネジメント）研修」**：L&Dは、LMSに既存のタイムマネジメントの集合研修コースがあることを発見しました。このクラスは最大30人で設計されていましたが、通常は半分程度しか集まりませんでした。このクラスは毎年開催されており、レベル1の評価スコアはL&Dの基準をギリギリ満たしていました。

その分析結果に基づいて、チームは戦略的パフォーマンス目標を書きました（図8-1）。

図8-1　タイムマネジメント戦略的パフォーマンス目標（チェンジツールより抜粋）

　プロジェクトに参加するチームメンバーのタイムマネジメントスキルを向上させることで、大方のプロジェクトにおける定時納品を可能にすることによって、顧客満足度の向上というビジネス上のメリットが得られる。スケジュールがずれ込んでいるプロジェクトに対してはそのプロジェクトマネージャ―に余裕をもって警告を提供する。
　チームメンバーに期待される業務における行動変容は以下の通り：
・要求された時間内にタスクを達成するために何が必要かをより多く議論する。
・タイムマネジメントスキルモデルに関連する言語の使用増加。
・タイムマネジメントアプリ（TM-App）でのユーザーアクティビティの増加。
・期日へのコミットの前に各人がTM-Appを確認している。
・プロジェクトスケジュールに対する潜在的なリスクについての頻繁な話し合い。
・マネジメントの支援によって克服可能なプロジェクトの障壁について、より多くの議論がなされる。

ニアミス

　L&Dチームは、２つのニアミスによって、OK-LCDモデルの軌道を外れるところでした。１つめは、プロセスをショートカットしそうになったこと。当初、彼らは、今まで通常行っていたことと同じことをしようとしたのです。つまり、既存のトレーニングを修正し、その研修クラスを全員必須とし、数ヶ月かけて全社に展開しようとしたのです。L&Dチームはすぐに自分たちが普通にやっていたことと同じものをやっていることに気づき、ギアを切り替えました。彼らは冗談交じりに言いました。

　「今まで通り『出席率』『ナレッジチェックの点数』『フィードバックシート』の３つを報告してプロジェクトを終えるところでした。しかし、そのような報

告では、頼まれたことをやったということにはなりますが、L&Dの価値を会社に示すことにはならないということに気づかされました」。

2つめは、1つのスキルセットに1つの資産しか割り当てていなかったことです。最初、L&Dチームは、タイムマネジメントのスキルとTM-Appの2つのセットに分けることを考えました。しかし、彼らはすぐに、各スキルに1つの学習資産をデザインするという罠に陥っていることに気づきました。さらに、このプロジェクトの最終的な目標は、スキルを教えることではなく、社員のパフォーマンスギャップを解消することで、タイムリーにプロジェクトを遂行するというビジネス上の目標を達成することだったのです。最初は微妙な違いのように思えましたが、チームはより広い目標のために、異なるソリューションを策定する必要があることに気づきました。そのソリューションは、社員の学習経験と仕事に統合されていなければならず、それを可能にしたのが、ラーニングクラスターという形式だったのです。

賛同を得てから実行に移す

ラーニングデザインチームは、戦略的パフォーマンス目標をGottaLearn社の経営層と共有しました。最初、リーダー（役員）たちは驚きました。彼らはタイムマネジメントに関するトレーニングコースを求めていたのです。しかし、このプロセスを聞いて、リーダーたちの反応は次のように変わりました：
　・「その厳密さが印象的だった」
　・「ビジネス上の問題を解決するために何が必要なのか、明確で正確なアイデアを持っているように感じた」
　・「ただ単にタイムマネジメント研修を実施するだけではなく、従業員のパフォーマンスとビジネス成果の関連性を実感した」

リーダーたちは、チームにKPIデータへのアクセスを提供しました。これには、オンタイム・デリバリーの過去のデータや、今後のKPIデータの配信リストが含まれていました。これらのデータにより、L&Dチームは、ラーニングクラスターが立ち上げられた後、ビジネスに変化をもたらしているかどうかを自分たちの目で確認することができるようになりました。

ラーンアクション ── 学習者ごとの違いを学ぶ ──

L&Dチームは、ターゲットとなる大きな学習者グループ内のチームメンバーによる違いについて知る必要がありました。L&Dチームは、タイムマネジメントに関するスキルギャップが最も大きいグループ、つまりペルソナを特定し、プロジェクトのオンタイム・デリバリーに最も大きな影響を与える可能性のある人物を特定したいと考えていました。L&Dチームは、それらの違いを学習者のペルソナを開発に反映するために、Learn Toolの5つのステップに従いました。

1. すでに知っていることをまとめる。
2. 学習者の違いをより深く掘り下げる。
3. 分析から学習者のペルソナを作る。
4. 学習者のペルソナストーリーを作成する
5. ペルソナを使った学習資産を提案する。

ステップ1：すでに知っていることをまとめる

L&Dチームは、誰が最もタイムマネジメントに問題を抱えているのか、またその理由は何かを各人で考えました。また、学習者の日々の生活や、社員間で見られる違いについても考え、その考えをまとめたものをSharePointに投稿しました。その後、チームメンバーはメモを取り合い、学習者のペルソナチャートを記入しました。最初は良かったのですが、チャートにはたくさんの穴がありました。

ステップ2：学習者の違いをより深く掘り下げる

L&Dチームは、ターゲットとなる学習者グループを理解するための確かなデータを求めていました。L&Dチームは、納期遅れのプロジェクトに関する3年間のデータを見直し、主な問題点を特定し、誰が、何の原因で遅れが生じたのかという後方視野分析の結果を読み取りました。チームメンバー、プロジェクトマネージャー、一部のスーパーバイザーなど、チェンジアクションのためのインタビューとは異なる多様な人たちにインタビューを行いました。また、インタビューのプロトコルを設定することで、学習者のペルソナチャートに欠けている部分を明らかにし、オンラインアンケートを実施することで、対象と

なる学習者の範囲を広げてデータを収集しました。最後に、アンケートの質問を選ぶためにLearn Toolを使用しました。

ステップ3：分析から学習者のペルソナを作る

　ペルソナを開発するために、L&DチームはLearn Toolの「The Art of Knowledge Analysis for Creating Learning Personas （学習ペルソナを作成するための知識分析の技）」を使用しました。これは、学習者グループのより豊富な理解を行うための創造的なプロセスです。あるセッションでは、15種類ものペルソナが登場しました。これは問題です。彼らはデータを分析し、どのペルソナがビジネス目標である「プロジェクトを期限内に完成させる」ことに最も大きな影響を与えるのかを突き止めました。その結果、適切な数のペルソナに絞ることができました。最終的に完成した学習者のペルソナの抜粋を図8-2に示します。

図8-2　学習者ペルソナチャート（抜粋）

ペルソナ名： 概要 説明	1.　ラックスサム 自分がオーバーブッキングしていることに気づくことなく、すべてに同意してしまう「コア」なチームメンバー	2.　マルチタスクの 　　マルタ 複数のプロジェクトのレビューを担当する「知る必要のある」チームメンバーで、優先度の高い他のプロジェクトの作業をするために、プロジェクトから引き抜かれることが多い	3.　新人のナシル まだ職歴が浅く、業務達成のために何する必要があるのかを認識ができないチームメンバー
SPOへの影響の可能性（高、中、低）	高	中	高
1.　主な属性の違い			
組織機能・部門	研究開発、IT、その他	IT、人事、安全衛生、ロジスティクス、財務、会計	すべての機能部門
レベル	一般社員 （レベル1〜2）	レベル2または3	新入社員
在職期間	3〜8年	4〜15年	0〜2年

図8-2　学習者ペルソナチャート（抜粋）（続き）

	1．ラックスサム	2．マルチタスクのマルタ	3．新人のナシル
	2．学習ニーズの違いのポイント		
トレーニングや学習に対する典型的な反応	「もちろん！　そのコースなら喜んで受けますよ！」彼は登録したものの、1つや2つのプロジェクトの実行に忙しくて、来ないことが多い。	「研修クラスには出られない、やることが多すぎる。仕事をしながら学ぶしかありません。eラーニングのコースのアクセス先を送ってくれれば、やりますよ」。	勉強が最優先。「上司の言うことは何でも聞く」。新入社員の2年間のトレーニングプログラムの一環として、週に5時間以上のトレーニングを受けている。学んでうまくやりたいと思っている。
使用されている主要テクノロジー	共有のサイトやドキュメントを使って仕事を進める。オフィスからしかアクセスできない。テキストとメールの使い分け。	プロジェクトの作業や承認に関連して、各部門はそれぞれ独自のシステムを使用。各個人は、メールや共有サイトを使って仕事をすることが最も多い。おすすめ情報は、メールの添付で送信。	散乱している。手近にある便利なものを使ったり、チームメンバーやオフィスメイトを模倣する。テキストと簡易メッセージを好む。
注：TM-Appは誰も使っていない。ほとんどの人がその存在に気づいていない。			
好まれる学習	誰かと話したり、研修クラスを受けたりする。リマインダーを歓迎する。	オンラインで検索。クイックeラーニング。録画されたウェビナー。学習に時間を割く動機は、そのコンテンツが「今」業務遂行上必要としているものに関連しているかどうか。	多様。チームメイトによって推奨されているものや使っているもの。チャンクされた学習の方によりエンゲージされる。
仕事への姿勢	ハーモニー、他の人を喜ばせる、チームに歓迎される。	完了する、チェックする、個人として達成したことによって尊敬される。	上司が「やれ」と言えば、それを実行し、うまくやり遂げる。自分の力を証明して、なるべく早くに昇進したいと思っている。

図8-2　学習者ペルソナチャート（抜粋）（続き）

	1.　ラックスサム	2.　マルチタスクの マルタ	3.　新人のナシル
3.　ライフ・アット・ワークの主な相違点			
勤務時間	標準：午前8時から午後5時まで、週末は重要な仕事の遅れを取り戻すために職場で残業。	早い。午前7時から午後4時まで、夜間は自宅でメールやレポートの確認を行う時間帯もある。	午前8時から午後6時まで、その後はスポーツや社交の場へ。
時間の裁量権レベル	中：プロジェクトの会議によって左右される。	低：プロジェクトの納期に左右される。	低：マネージャーの指示により、時間的制約のある新入社員の条件を設定しているところもある。
4.　主要なパフォーマンス・ギャップの違い			
現在のスキル・パフォーマンスレベル	悪い。コミットメントの内容を把握し、それがどのようなものかを理解する必要がある。非効率性を減らすために、カレンダーを整理する必要がある。	良い。仕事を小分けにして、ノーと言うか、マネージャーを巻き込む必要がある。	低い。タスクを完了するために必要な時間やリソースを把握していないが、大きなプロジェクトの役割を任されている。
5.　学習の必要性を感じる瞬間（各ペルソナに可能性があるかどうかを示す Yes/No）			
初めての学習か	はい。同僚と共に学ぶフォーマルな設定。	いいえ。注意喚起、リマインダーのみ必要。	はい。フォーマルな設定。
学んだことを業務に活かす必要	はい。プロジェクトミーティングでツールを使用し、PMがリマインダーを行う。	いいえ、すでにやっている。	はい。プロジェクトミーティングでツールを使用し、マネージャーがリマインダーをかける。
上手くいかないとき	同僚によるアシスト、TM SMEコーチ、定期的なPMチェックイン	定期的なPMチェック	マネージャーによるアシスト、TM SMEコーチ、定期的なPMチェックイン

ステップ４：学習者のペルソナストーリーを作成する

　学習者のペルソナに基づいて、短い要約ストーリーを作成するのは、楽しく、クリエイティブな仕事でした。最も難しかったのは、プロジェクトの後半で学習資産を選択する際に必要となる、学習者間の重要な相違点に焦点を当てて、短くまとめることでした。最終的には図8-3のようになりました。これは実在の人物ではありませんが、このプロジェクトの対象となる学習者グループの大部分を占めていることを忘れてはなりません。また、このペルソナのセットは、タイムマネジメントのスキルギャップに焦点を当てているため、他のプロジェクトではあまり役に立たないことにも気がつきました。

図8-3　学習者ペルソナのストーリー

ラックスサムは、数年の経験を持つ一般社員です。彼はフルタイムの "コア "チームメンバーであり、一度に１つまたは２つのプロジェクトに没頭し、実行型のタスクを担当します。彼のタイムマネジメントにおける最大の課題は、TM-Appのようなシステムを使っての時間を管理していないため、時間を非効率的に使っていたり、タスクの範囲や期間を適切に見積もったりできていないことです。 このテーマについては、他の人と一緒に学びたいと思っており、時々それを思い出させて欲しいと思っています。	**マルチタスクのマルタ**は、一度に複数のプロジェクトをこなすシニアレベルの社員です。彼女が抱える最大の課題は、①「コア」チームのメンバーからタイムリーなインプットを得ること、②他のプロジェクトで優先度の高い問題に予定外の時間を費やさなければならないこと、です。彼女は、プロジェクトマネージャーや上司をもっと迅速に巻き込んで、上記の問題に今よりも早く対処する必要があります。 今回のテーマは、オン・ザ・ジョブで学べるようにしたいと考えています。	**新人のナシル**は大学を卒業したばかりで、自分の実力を証明するためにも、タイムマネジメントの方法を最初から学びたいと考えています。彼にとって今一番大切なことはそれを学ぶことですが、タイムマネジメントに関する彼の最大の課題は、現実の世界でのコミットメントに必要なことについてのこれまでの経験や文脈がなく、必要なときの判断も含め適切な人やリソースをどこに含めるべきかわからないことです。 今回のトピックに関して、彼は、深く、早く、かつすぐに応用が可能なソーシャルな環境で学びたいと考えています。

ステップ５：ペルソナを使った学習資産を提案する

　L&Dチームは、学習者のペルソナがまだ頭の中で鮮明なうちに、学習ツールの最後のセクションに、このペルソナが歓迎するであろう学習資産のアイデアを記入しました。図8-4に彼らの作業の一部を示します。これで、「サラウンドアクション」に向けての準備が整いました。

図8-4　学習資産のアイデア表

このペルソナが喜びそうな学習資産のアイデア		
ペルソナ名	1. **ラックスサム** ・研修クラス ・ランチ＆ラーニング ・「学びのタイミング」をアプリからのプッシュ通知で知らせる	2. **マルチタスクのマルタ** ・eラーニング ・タイムマネジメントページのリンク ・テストアウトの機会 ・プロジェクトリーダーからのコーチング	3. **新人のナシル** ・ケーススタディ・ブログ"When things don't go wrong vs right" ・研修クラス ・リンクのタイムマネジメントページ ・ピア・メンターやコーチング

調整と確認

　L&Dチームは、このペルソナをプロジェクトマネージャーやスーパーバイザーなどの現場の関係者数名と共有し、その妥当性を確認しました。そして、いくつかの調整を行いました。これまでの作業を振り返ってみると、対象者に向けた通常のADDIE分析作業とは異なることに気がつきました。学習ツールの5つのパートは、学習者についての情報を収集する際に、単なるタイムマネジメントのスキルギャップではなく、プロジェクトを期限内に完了させるというビジネス上の問題により密接に関連していることを示していました。もちろん、1つの対象者ではなく、3つの異なる学習者のペルソナのニーズを満たすことになるのは言うまでもありません。L&Dチームは、このことが最終的なL&D「製品」に影響を与え、ビジネスKPIと職場での期待行動の実現、すべての人に利益をもたらすことになると確信していました。

既存の学習資産をアップグレードするアクション

　L&Dチームは、既存のタイムマネジメントの研修クラスが、解決に向けて素早くスタートできる機会を提供してくれることに気づきました。しかし、そのコースには「モダナイズ」が必要でした。

ワーキングミーティング

　L&Dチームは、既存の2日間のタイムマネジメント研修をどのようにアップグレードするかを決めるためのワーキングミーティングを立ち上げました。ミーティングのアジェンダは、アップグレードツールに基づいていました。

タイムマネジメントクラスのアップグレードアジェンダ

・SPOと学習者のペルソナについての再確認
・既存のタイムマネジメントクラスの見直し（教材、内容、評価）
・アップグレードアクションの３つのルールによるプロセスの適用
- ステップ１：既存の資産を評価する。「モダナイズ」の９つの要素をそれぞれ持っているか？
- ステップ２：その要素を含めることはできるか？　Yes/No.
- ステップ３：実現性に限界があるとすれば、それらの要素を入れたり、改善したりするアイデアはないか？
- ステップ４：そのアイデアは今、または後に実現可能か？
- ステップ５：今やりたいことに基づいて、モダナイズされた資産に名前を付け、モダイナイズされたことが確認できる新しい評価を割り当てる
・次のステップ

　図8-5、図8-6、図8-7は、３つのルールによるプロセスの各段階における結果のスナップショットです。

図8-5　タイムマネジメントスキルのステップ１、２：アップグレードツールの抜粋

既存の資産名： ２日間のクラス、年に１回、30人/クラス。	ステップ１ 現在のレート （１＝Y；０＝N)	ステップ２は可能で すか？（Y/N)
モダナイズの要素		
アクセシビリティ	0	Y
自律性	0	Y
チャンク	0	Y
最新であるか	1	Y
体験的	1	Y
For me（自分向けになっているか）	0	Y
ハイパーリンク	0	Y
MVAK	1	Y
ソーシャル	1	Y
モダナイズ度評価	4	

図8-6　アップグレードツールのステップ3：要素別の改善点のブレインストーミング

アクセシビリティ
・タイムマネジメントのスタート画面に研修クラスへの登録および他の学習資産へのリンクを追加する。
・アプリで使える「ハウツー」を伝えるジョブエイドとして使えるものがないか研修コンテンツの再検討をする。
・「現実の業務」にあったケーススタディーを社内の人々に求める（特にマルタ用に）。
・経験のあるプロジェクトマネージャーに対して、スコープやコミットできる範囲などに関しての質問できるライブチャット機能を設ける。

自律性
・eラーニング（予算に組まれていない、制作に時間がかかる）。
・To-Doアプリはすでにある。それをラーニングの通知に使うことはできないか？ ITはできると言っている（特にラックスサムとマルタ用に）。

チャンク
・現存の対面集合研修クラスをWebのバーチャルクラス用にチャンクする。
・宿題：学習内容についてまとめ、共有する（将来のジョブエイドのために社内の人々のアイデアや情報インプットへ寄与を活用（クラウドソース）する。

最新であるか
・プロジェクトマネジメントシステムとタイムマネジメントアプリのソフトウェアアップデートに合わせ、常に研修内容を最新のものに保つ（パフォーマンスサポートのための新しいITツールも検討する）。
・実業務に展開されている新しいケーススタディーを追加し、最新のものであると感じられるようにする。
・将来：L&Dスタッフは、毎年TMに関するトピックのブック・クラブを運営する。

体験的
・2～4分ごとのインタラクションやアクティビティ、リフレクション、そして宿題としての学習共有が設計されている。

For Me
・学習者は、「いいね」のタグ付けによって、自分のニーズにあったジョブエイドを選ぶことができる。
・事前にバーチャルクラスでのトピックを提供し、ナレッジのチェックをできるようにする（特にマルタ）。
・LMSを通じての要請にしない。その代わり、同僚からのレコメンドやNPSを追加する。

ハイパーリンク
・タイムマネジメント研修関連の情報は何でもTMホームページのスタート画面にリンクされる。
・バーチャルクラスのリンクへのリソースを含むリンクをTMアプリで通知する。

MVAK
・将来：バーチャルクラスをビデオにする。
・IT部門は、アプリにはログインを追跡できるリーダーボード機能があり、現在アクティブではないものの、活用できる可能性があること、それをゲーミフィケーションに使えるのではないかと提案している（特にナシル）。

ソーシャル
・初期需要に対しては、複数のクラスルーム・コースを実施。
・タイムマネジメントのトピックについて、他のコホートメンバーとつながるための宿題（特にナシルとラックスサム）。

図8-7　アップグレードツールのステップ4と5：アップグレードプランの選択とモダナイズ度スコアの再評価

既存の資産名 2日間のクラス、 年に1回、30 人/クラス	ステップ1 現在の レート （1=Y； 0=N）	ステップ3 アイデアのまとめ エレメント	ステップ4 今か 後か？ （N/L）	ステップ5 アップグレードプランの 評価 バーチャルILTクラスとジョブエイドをLMSのTMランディングページに掲載、TMアプリの通知とゲーム。
現代性の要素				
アクセシビリティ	0	・TMランディングページ ・ハウツー・ジョブエイド ・リアルなケーススタディ ・ライブチャット機能	N N L L L	1
自律性	0	・eラーニング ・TMアプリの通知	L N	1
チャンク	0	・1時間/週のバーチャルクラス ・ジョブエイド	N L	1
最新であるか	1	・ソフトウェアアップデートのためのITツール ・リアルなケーススタディ ・ブッククラブ	N L L	1
体験的	1	・バーチャルクラスでの交流	N	1
For me（自分向けになっているか）	0	・話題を事前に共有 ・ナレッジチェックのテスト	N N	0
ハイパーリンク	0	・TMランディングページはすべてのリンクを ・すべてのコンテンツにリソースリンクを設置	N N	1
MVAK	1	ビデオ TMアプリのリーダーボード	L N	1
ソーシャル	1	1時間/週のバーチャルクラス 毎月の新しいコホート	N	1
モダナイズ度評価	4			8

CLOによるレビュー

　L&Dチームは、新しいタイムマネジメントコースのデザインにCLOの賛同を得て、制作のためのリソースを素早く確保する必要がありました。彼らは自分たちの仕事を共有し、以下の点を指摘しました。

- ・このスコアは、過度にエッジーではなく、適度なモダナイズ度であることを表している。
- ・タイムフレームと必要なリソースを考えると、このソリューションは現実的である。
- ・このソリューションは、戦略的パフォーマンス目標（チェンジアクション）に沿ったものである。
- ・学習者のペルソナに沿ったソリューションである（ラーンアクション）。
- ・今できることと、後でできることを想定している（同意しますか？）。
- ・リクエスト：ソリューションを実行するためのリソースと人材（IT、SME、TM-Appオーナー、L&Dデザイングループ、L&Dデリバリーグループ）。

　CLOは、アップグレード案の中で以下のような強みを挙げています。

- ・ウェブキャストコースのチャンキングによる学習者の定着率の向上。
- ・既存のコンテンツを再利用して、ハウツー・ジョブエイドを作成することで、L&Dの作業量を削減。
- ・ILTのバーチャルクラスを利用して、従業員がタイムマネジメント研修を受けられるようにした。
- ・ランディングページやTM-アプリの機能についてパートナーとなることで、L&DとITの関係が強化される。
- ・LMS上の時間管理ランディングページによるリソースへのアクセス速度の向上。
- ・ライブチャット、eラーニング、実際のケーススタディなど、後から展開される将来に向けての可能性。
- ・ブログソフト、「ベスト・ジョブ・エイド」コンテストのプラットフォーム、読者やリーダーのコメント付き推薦図書のウェブページ、ビデオ共有ソフトなど、サラウンドアクションの学習資産をサポートするためのイン

フラのアイデア。

　何よりも、L&Dチームのアップグレード計画は、わずか数週間で達成できました。その結果、サラウンドアクションとラーニングクラスターの設計に十分な時間とリソースを確保することができました。

学習者を意味のある学習資産で囲むアクション

　GottaLearn社のL&Dチームは、2回のミーティングで「タイムマネジメント」のラーニングクラスターをデザインしました。最初のミーティングでは、サラウンドツールのステップ1～4を完了しました。2回目のミーティングでは、ラーニングクラスター内の各学習資産に最終目標と実現目標を割り当て、ステップ5を実行しました。

　ステップ1～3は簡単で、前の3つの行動のまとめでした。しかし、このまとめは、L&Dチームに、タイムマネジメントというテーマで個別にデザインするのではなく、すでに行ったことを継続して行うことを思い出させるものでした。

　ステップ4には、ブレインストーミング、コンバージェンス、3つの学習タッチポイントへの資産のマッピング、最終チェックの4つのパートがあります。

ブレインストーム

　L&Dチームは、ブレインストーミングを行い、彼らは学習資産のアイデアを付箋に書きました。「ラーン」と「アップグレード」で生まれたアイデアを、より具体的なものにすることで、ウォーミングアップを行いました。

　例えば、マルチタスクのマルタに対するeラーニングのニーズは、GottaLearn社のタイムマネジメントモデルに関するeラーニング、ソフトウェア・サプライヤーのTM-Appに関するeラーニング、そして、困ったときの判断の見分け方、支援の求め方など「困ったときの対処法」のeラーニング課題（ビデオ・シナリオを使用）という3つの付箋になりました。

　ペルソナごとに異なる色の付箋を使用しました。中には2色、3色と重複している付箋もありました。これは、1つの学習資産で複数のペルソナのニーズを満たすという意味で、良いことです。

収束

　部屋いっぱいに貼られた付箋紙を、色やペルソナごとにグループ分けしました。そして、そのメモを書いた人に、想定される学習資産ごとに自分の考えを明確にしてもらいました。重複したアイデアは排除されました。似たようなアイデアは統合され、3つのペルソナすべてに当てはまるアイデアは、4色めの付箋に書き直しました。

　次に、短期的には実現不可能なアイデアはどれかを話し合いました。これらのアイデアは排除されるのではなく、プロジェクトの後半や別の機会に検討されることになりました。

資産を3つのラーニングタッチポイントにマッピング

　次のアクティビティでは、OK-LCDモデルのトレーニングで行ったように、付箋紙を使い続けてマッピングの練習をすることもできました。しかし、彼らは別の方法を選びました。それは、ホワイトボードソフトを使って、バーチャル環境の付箋を使い、記録を残すことです。

　この仮想環境には学習タッチポイントのベン図もホワイトボードに表示され、L&Dチームは付箋をベン図の適切な位置に移動させながら、それぞれのペルソナに対して、どの程度ソーシャル、即時的、フォーマルな資産が必要か、その度合いを示しました。

　付箋の配置を決める際にも、議論が活発になりました。例えば、タイムマネジメント講座やeラーニング講座は、もともと「フォーマル」の円の下の方に配置されていました。議論の結果、ライブクラスを「ソーシャル」に移動させる必要があることがわかりました。このようなインタラクションは、ラックスサムが学習の選択において求めているものです。eラーニングは「即時」に近づけ、eラーニングがいつでもどこでも使えるものであることを認識させました。これは、マルチタスクのマルタが必要としていたものです。しかしチームは、eラーニングの中には、アクセスする前にマネージャーによる許可サインが必要な、厳密には「フォーマル」なものもあることに注目しました。これは、予算管理上の理由からサインオフが必要な外部のeラーニングプログラムに典型的に見られるものです。

　L&Dチームは、すべての資産の配置に合意した後、一歩下がって自分たちの仕事を見直してみました。彼らは、特定の人物に対する学習のタッチポイン

トがいくつか欠けていることにすぐに気づきました。彼らは以下のものを追加しました。

- 新人のナシルに対して：経験豊富な人によるメンタープログラムは、社内ネットワークの構築を助け、タスク（ソーシャルおよびフォーマルなタッチポイント）に必要な時間を理解するのに役立つ。
- ラックスサムに対して：リアルな問題をみんなで議論するブック・クラブ（ソーシャルタッチポイント）。
- マルチタスクのマルタに対して：プロジェクトリーダーによるピアコーチングのオプション（ソーシャルタッチポイント）と、質問とコメント欄を備えたオンラインのジョブエイドページ（ソーシャルタッチポイントと即時タッチポイント）がある。

結果として得られたラーニングクラスターを図8-8に示します。

図8-8 タイムマネジメントラーニングクラスターの抜粋

ラックスサム	White
新人のナシル	Light gray
マルチタスクのマルタ	Dark gray
全ペルソナ	Black

タイムマネジメントの ラーニングアセット	説明/コメント
バーチャルクラス	タイムマネジメントのコア概念に関する各コーホート20セッション、6週間以上
セルフアセスメント	一連のタイムマネジメントのコア概念に関するランダムクイズのセット
TM wiki	既存の共有ファイルプログラムを使用して、コアコンセプトと段階的な実現目標で構成された、ナビゲート可能なインデックス付きの1ページの情報シートを掲載する。タイトル検索可能。学習者がコンテンツを追加したり、「いいね！」やコメントを付けたりできるので、学習者やL&Dが最適なコンテンツを特定するのに役立つ

チェック&再チェック

　ラーニングクラスターのグラフィックを完成させたチームは、自分たちの初めてのラーニングクラスター・デザインに感嘆の声を上げました。そして、チェックリストの質問に答えていきます。

　Q：各ペルソナの学習タッチポイントごとに学習資産が準備されていますか？

　A：はい。ペルソナごとに少しずつ追加しています。

　Q：学習者のペルソナから明らかになったニーズで、満たされていないものないでしょうか？

　A：新人のナシルは、自宅でeラーニングコースをやりたいと想定されますが、アクセスができないと思われます。

　Q：学習資産は、戦略的パフォーマンス目標（SPO）を促進するものですか？

　A：はい。各学習教材は、タイムマネジメントのスキルと納期を守る能力を向上させるための業務における行動の変容に焦点を当てています。詳細は、学習目的とデザインをご覧ください。

ステップ5　各学習資産に「最終目標」と「実現目標」を割り当てる

　ステップ5のミーティングでは、L&Dチームは各学習資産の目標（オブジェクティブ）の策定と割り当てに取り掛かりました。従来の考え方であれば、各学習資産の目標を個別に策定することになりますが、今回のOK-LCDモデルでは、学習資産全体で目標を捉えることになります。

　チームは、まず、「部分だけでなく全体をデザインする」というOK-LCDモデルの原則に従って、SPOのビジネス目標を見直すことから始めました。そして、ビジネス上の必達事項のために、学習者が何を必要としているのかを考えました。それは、「プロジェクトをオンタイムで提供すること」、あるいは「少なくとも、プロジェクトがスケジュールから外れたときにはマネージャーにアラートを発すること」です。彼らは、ラーニングクラスター全体で複数の資産を使用できるようにするため、最終目標と重要な実現目標の包括的なリストを提出しました。このアプローチにより、ラーニングクラスターと各資産が、

期待される結果達成に役立つという確信を持ち続けることができました。

　そして、それぞれの学習資産に目標を合わせていきました（図8-9の相互参照プロセスのスナップショットを参照）。すべての目標がすべての資産で使われているわけではなく、中には複数の資産で使われているものもあります。これは、学習資産が、異なるペルソナや学習ニーズのタイミングに合わせて意図的にデザインされているためです。チームは、各ペルソナのニーズ、目的、学習資産の見直しを何度も繰り返し行いました。

- ・ラックスサム（あるいはマルタやナシル）は、本人にとって最も使いやすいと思われる学習資産を通じて、必要な学習目標をすべて習得できただろうか？
- ・彼らが学習を必要とするタイミングで、適時利用できる学習資産があったか？
- ・重要な目標の達成のために、学習資産構成の中で間隔を空けた学習によるできるよう、コンテンツが十分反復されていたか？

　その過程で、1つまたは2つの目標が、関連付けられている学習資産では扱われていないことが判明しました。それには、既存の教材にコンテンツを追加するか、まれに教材を追加することで対応しました。

図8-9　**サラウンドアクション・ステップ5より抜粋**

最終目標と実現目標の包括リストのスナップショット

TO1：GottaLearn社のタイムマネジメントモデルについて説明する

TO2：TM-Appがプロジェクト計画のタイミングをどのように導いてくれるのかを示す

EO1：TM-Appで、スケジュール遅延の問題をプロジェクトマネージャーやリーダーに知らせるための3段階のプロセスを説明する

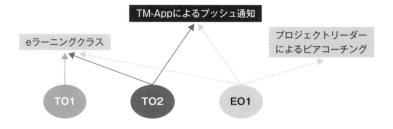

デザイン・開発の総括

　ラーニングクラスターは設計されましたが、今度は個々の学習資産を完全に設計、開発、実施をする必要があります。それぞれの学習資産について、L&Dチームのメンバーがこの次の段階の責任を負うことになります。ありがたいことに、CLOは彼らを助けるために追加のリソースを提供してくれました。

　それぞれの学習資産の性質に応じて、資産開発の方法も異なっていました。例えば、既製の学習資産を利用したり、既存の学習資産をアップグレードしたり、ADDIEやSAMなどの馴染みのある手法を用いて全面的に開発したりしたのです。いくつかのケースでは、ジョブエイドのような小規模な学習資産をクラウドソーシングで調達することにしました。

全員の行動結果と変化の追跡

　GottaLearn社のL&Dチームは、トラックツールの3つのステップを使って、このラーニングクラスターの評価指標を考えるトラックアクションを設計するためのセッションを予定しました。その選択がデザインに影響を与える可能性があるため、彼らは迅速に行動する必要がありました。例えば、オンライン資産は特定のデータを取得するように設定しなければならず、LMSのどこにどのように資産を配置するかによって、どのデータ機能をオンにするかが影響され、自己評価ツールには指標を組み込む設計をする必要がありました。また、ラーニングクラスターが稼動する前に、ベースラインデータの取得を急ぐ必要がありました。一般的に、ベースラインの数値は憂鬱なものですが、改善を証明する唯一の方法は、その効果を示す施策実施後との比較データとして現在のデータを取得することしかありません。

ステップ１：ラーニングクラスター全体での施策の選択

　測定指標を考えるミーティングには、タイムマネジメントプロジェクト担当となったIT担当者を招待しました。L&Dチームは、現場での行動の変化や、1つの資産だけではなく、ラーニングクラスター全体の影響を測るための優れた尺度を特定する必要性を説明しました。

　IT担当者は、L&Dチーム内では思いつかなかった測定指標の可能性を示し、それを定期的なレポートとして配信しました。これは、LMSのビッグデータ

を利用するという、L&Dにとって初めての試みでした。図8-10は、彼らが辿り着いたデータを示しています。

図8-10　ラーニングクラスター全般の測定値

何を測るのか	データの入手方法	クラスター前の値	ゴール	クラスター後の値
KPI：納期に対する適時納品の％	スポンサーが承認したデータレポート	現在のベースラインデータが必要	1年目10%up 2年目30%up 目標：85％オンタイム納品	
マネージャーが、納期予測の変更について聞く時に高い整合性を確認していること	四半期ごとにマネージャー向けの一問一答のクイズを掲載する	現在のベースラインデータが必要	1年目10%改善 2年目50%改善	
TM-Appの使用率とカレンダーの関連性	ユーザー数と使用頻度のレポート（ユーザー、組織、プロジェクトごとの平均値）	4％のユーザー平均フリーク数7x/日	ターゲットのうち50%のユーザー1年目の平均値＞5/日	
チームメンバーによる現実的な完了日提示	四半期ごとに、一問一答のクイズをプロジェクトマネージャーに実施	現在のベースラインデータが必要	1年目20%改善 2年目40%改善	

ステップ２：主要な学習資産に対する測定値

　L&Dチームは、個々の学習資産の測定については、通常のデータ、主に使用率と満足度の数値を検討しました。レベル１の評価のように、いくつかのデータは残しておきました。しかし、ラーニングクラスターの世界では、もはや重要ではないものもありました。例えば、あるクラスに何人が参加したかは、他の学習方法がある場合にはもはや有効ではありません。しかし、「利用可能なクラスルームの席が何パーセント埋まったか」は依然として効率性を示す上で有効な指標です。ソーシャルや即時学習のタッチポイントに関連する多くの学習資産については、これまで測定することを考えたことがなく、未知の領域でした。

　ここでもIT担当者からは、どのようなデータがあるのか、どうすれば現在の

データをより簡単に入手できるのかの提案をもらいました。例えば、学習者に
TMアプリを勧めるかどうかを尋ねるプッシュ通知を追加することで、NPSの
測定値を得ることができるとわかったことは、目からウロコでした。

ステップ3：共有する人を選ぶ

　L&Dチームは、長々とした測定指標のリストに夢中になっていました。実
際には、ラーニングクラスターや学習資産がニーズを満たしているかどうかを
確認するために必要なものだけが必要なので、彼らは自問自答しながら、その
規模を縮小しました。

- ・どのくらいの頻度でこれらのデータを収集し、解釈し、報告する必要があ
　るのか？
- ・これらのデータを見て解釈する時間を誰が持つのか？
- ・結果が出たとき、その数字や答えが良いものかどうかをどうやって判断す
　るのか？

　そして、タイムマネジメントラーニングクラスターのビジネスインパクトを
どのようにしてGottaLearn社の経営陣に報告するのか？
　考えた指標は、戦略的パフォーマンス目標からすべての評価指標とKPIを含
んでいましたが、すべてのデータが定量的なものであることに気づきました。
数字を生き生きとさせるためには、定性的な成功体験も加える必要がありまし
た。例えば、メンタリングプログラムについての体験談を掲載したり、研修ク
ラス後の質問には、「あなたは、研修受講結果として、何をこれまでと違うよ
うに行いますか？」を追加しました。
　学習資産の測定指標のリストは縮小され、いくつかの質的指標が追加されま
した。そのリストの抜粋を図8-11に示しています。

図 8-11　主要な学習資産の測定方法の選択

学習資産	SFI	測定値	カークパトリック・レベル1-4	ゴール	データの入手方法と時期
TMのバーチャルクラス	SF	受講後アンケートで、学習者が研修で学んだことを業務でも使うと予測している（%）	1と2	80%以上のEx/VGdの平均値 >80%以上の使用	LMSからの受講後アンケート結果レポート
TM-App（会社のカレンダーソフトのアドオン）	I	NPS	1	>50%	プッシュ通知の質問：同僚にアプリを勧めるか？
TM Wiki	SI	第1四半期投稿者数＝15人、アクセス数＝180件、コメント数＝35件、その後の再評価	2と3	1四半期あたり3話	L&D担当者を任命し、wikiを確認し、数字やストーリーを報告する
プロジェクトリーダーのコーチング	S	4または5の評価をした回答の割合（上位2ボックス）	3	>80%	プロジェクトのスケジュールが現実に反映されているかどうかについての信頼度調査（毎月）
メンタリングプログラム	S	・メンターが自分のパフォーマンスを向上させてくれると思うメンティの割合 ・メンティとメンターからの証言経験	3	・トップ2ボックス70% ・四半期に2つのグッド・ストーリー	アクティブなメンティ・メンターペアを対象とした2つの質問によるアンケートを四半期ごとに実施（回答率80%）
ラーニングクラスター	該当なし	適時納品のパーセンテージ	4	3年目までに85%の適時納品	スポンサーが承認したデータレポート

　C-suite向けの報告書を作成するのに十分なデータが得られました。彼らは、ラーニングクラスターの定量的、定性的な測定データを引き出し、個々の学習資産の測定値を追加することができました。これらの情報があれば、企業、従業員、L&D組織など、すべての人の結果の変化についてのストーリーで人々の注目を集めることができると考えました。

ステークホルダーへの
ラーニングクラスターの紹介

　ラーニングクラスターとOK-LCDモデルの将来的な使用方法を全員に知ってもらうために、デザインチームはランチ＆ラーニングを開催しました。リーダーシップ、主要なステークホルダー、L&DやHRの関係者を招待しました。

　L&Dチームは、各アクションのプロセスと成果を５枚の個別ポスターにまとめました。ポスターは部屋のあちこちに貼られ、L&Dチームのメンバーがそれぞれのポスターの前に立って質問に答えました。

　このランチは、実際にはL&Dにとって、学習デザインへのアプローチを変革するという大きな一歩を踏み出したことを祝う瞬間でもありました。CLOは皆を歓迎し、デザインの全体的な違いを説明しました。

　「OK-LCDモデルでは、私たちのアプローチと結果は、通常のデザインプロセスとは異なり、より良いものになっています。これまでは、トレーニングプログラムを求められれば、それを提供していました。今、私たちが提供しているのは新しいもの、ラーニングクラスターです。これは、ビジネス上の課題を解決し、ビジネス目標を達成するために、従業員が現場でのパフォーマンスを発揮できるようにするためのものです。従業員にとって、この最新の学習デザイン・アプローチは、適切な場所、時間、方法で学習の機会を提供し、従業員がGottaLearn社で学んでいることに満足し、価値を感じられるようになっています」。

　CLOは、自分で作った６枚めのポスターを披露しました。このポスターは、L&Dチームが初めてOK-LCDプロセスを使用したときの成果を、彼女の視点で表現したものです（図8-12）。

図8-12　今回のTMプロジェクトは何が違うのか

FROM	TO
業界標準のインストラクショナル・デザインモデル	L&DツールにOK-LCDモデルを追加
既存のTMクラスは、毎年15〜30人の従業員を対象に実施されているが、参加者の評価は最低レベルになっている	既存のクラスをバーチャルクラスに変換。移動コストがかからない、より多くのクラス、より大きなクラスを開催できる。参加者によるより高い評価
従業員の学習方法は研修クラス（集合研修）1つのみ	複数の初期学習方法と、継続的学習を可能にする複数の方法の提供
L&Dの責任：研修の内容	L&Dの責任：学習と職務上のパフォーマンスを可能にする

　参加者は、各アクションポスターのそばにいるチームメンバーと話しながら部屋を歩き回りました。CMOは以下のようにコメントしました。

　「これはとても理にかなっている。とにかく私は、オンタイムでプロジェクトを遂行し、お客様に満足していただきたいだけなのです。そのためには、もっと多くのクラスが必要だと思っていました。しかし、学習を必要とする従業員にとって、研修クラスの場所が遠く離れていそうでした。それに、従業員にとって適切な時期に研修が行われていないこともありました」。

　また別のリーダーは、「良い仕事をするためという意味では、必ずしもフォーマルな形で何かを学ぶことが唯一の方法ではないと思います。時には人からの後押しやアドバイス（ソーシャルな学び）や、すぐに答えが必要な場合もあります。この新しいラーニングクラスターのアプローチが、従業員にそれを提供できるという意味で素晴らしいことです」とコメントしました。

　経営層へ次に提出する成果物は、ラーニングクラスターが立ち上がった後の

進捗報告になります。これは、GottaLearn社のモダンラーニングをデザインするための新しいプロセスの良いスタートとなりました。

将来に向けた新たな検討事項

今回、初めてOK-LCDモデルを実行してみて、いくつかの重要なポイントが見えてきました。

1つめは、GottaLearn社にあるもののL&Dが使っていない既存のインフラを検討することでした。将来のラーニングクラスターのために、GottaLearn WikiやGottaLearn Viewer（YouTubeに相当）など、社員がすでに使っているツールをもっと活用することができたのです。また、定期的に発行される社内報にも、学習のヒントやリマインダーを掲載することができます。

もう1つは、リソースの効率的な利用方法を考えることでした。これらの学習資産の中には、バーチャルクラスの一部として使用され、仕事にも再利用できるものもあります。また、多くの教材が必要とされるにもかかわらずL&Dのスタッフが少ないため、研修クラスの課題として受講者にワンページ概要やビデオの作成をアサインすることで、教材制作への協力を得ることができました。

3つめは、L&Dが使い続けることができるインフラのパターンを調べ始めることでした。例えば、タイムマネジメントアプリでプッシュ通知やリマインダーを使うコツはすでに掴んでいましたが、ラーニングクラスターの一部として自動リマインダーを使えるトピックは他にもあるのではないかということを検討しました。今後、新しいテクノロジーを導入する際には、何らかの形で通知を行うことが必要になるでしょう。

最後に、覚えておくべき重要なこととして、すべてを単独の学習資産に押し込む必要はないということです。このことを知っておくことによって、デザイナーは、肩の荷が下りたように感じるのではないでしょうか。もし、従業員がある時点で学ぶ準備ができていなかったとしても、従業員が学習の必要性を感じる次のタイミング（瞬間）をカバーできる他のL&D資産があります。

ファイナルノート

　GottaLearn社のケーススタディを通して、L&DチームがどのようにOK-LCDプロセスを組織し、実行したかを見てきました。また、OK-LCDモデルの原則と価値観をどのように組織の他のメンバーに伝えたかを見ました。最後に、このモデルを導入する際によくある落とし穴をどのように回避したかも確認しました。

　OK-LCDモデルの最初から最後までを見ると、シンプルなアクションを積み重ねることによって、普通とは違うパワフルで効果的な結果が生まれることがわかります。一度に1つの学習課題に取り組み、研修コースを完了することやeラーニングコースを導入することなどには、ある種大きな達成感があります。しかし、もしあなたがL&D組織を進化させたいと思うのならばどうでしょうか？　次の章では、そのような取り組みを行っている組織を紹介し、ラーニングクラスターをベースとした組織を構築する際に留意すべき点について説明します。

振り返り

　GottaLearn Corporationのケーススタディと、自分がOK-LCDモデルを採用する際の意味合いを考えながら、以下の各質問を検討してみてください。

◆それぞれのアクションとツールの使用は、ビジネス課題の解決にどのように役立ちましたか？

◆OK-LCDモデルを使用するメリットは何だったでしょうか？

◆このケースは、あなたが直面している状況とどの程度似ているでしょうか？　自分たち独自の状況のためには、どのような調整が必要でしょうか？

◆多くの場合、タイムマネジメントは基本的なスキルとみなされますが、より複雑なパフォーマンスギャップにOK-LCDで適用する場合、どのような課題があるでしょうか？　どのようにしてこれらの課題を克服できるでしょうか？

適　用

　現在取り組んでいる、またはこれから始めようとしている学習デザイン
プロジェクトを考えてみましょう。「モダンラーニング」のためのデザイン
を実践してみましょう。5つのツールのそれぞれの抜粋から、あなたのプロ
ジェクトをスケッチし、視覚的に豊かなポスタープレゼンテーションを作
成してみましょう。そのポスターを使って、あなたの職場でOK-LCDモデ
ルを使用する場合の感想を他の人と共有してください。

ラーニングクラスターデザインポスター

◆ポスターのタイトルは、あなたが解決しようとしている問題を簡潔にまと
めたものにする（例フロントライン・セールス・スキル、新入社員オン
ボーディング、ハイポテンシャル・リーダーシップ開発）。

◆戦略的パフォーマンス目標を書き出す（最終目標と実現目標は任意）。

◆学習者のペルソナを示す。OK-LCDの最初の練習には、2～4人がお勧
め。

◆既存の学習資産1つのアップグレード（該当する場合）について説明す
る。

◆ソーシャル、フォーマル、即時学習のタッチポイントのベン図を使い、
学習者のペルソナに対する学習資産のバランスを示し、ラーニングクラ
スターのビジュアルを作成する。

◆全員の成果の変化を追跡するための指標をリストアップする。戦略的業
績目標に向けた進捗状況を物語るものをいくつか挙げる。

9 ▷ モダンラーニング デザインの未来を描く

〝組織が犯している大きな過ちの1つは、自然で生命力を高めるプロセスであるカオスを遮断してしまうことです。私たちはカオスを恐れています。しかし、コントロールから離れてみると、システムが変化するのは平衡状態から離れたときだけだということがわかります。そして、カオスへの道の危険を冒さない限り、より高いレベルへの再編成はできないのです〟

　――マーガレット・J・ウィートリー

　モデルは「意味づけ」のツールです。刻々と変化する世界の中で、その変化を理解するのに役立つ新しいモデルがあれば、安心できます。モデルは私たちが新しい行動を起こし、新しい方法を採用する際に、自信と能力を与えてくれます。

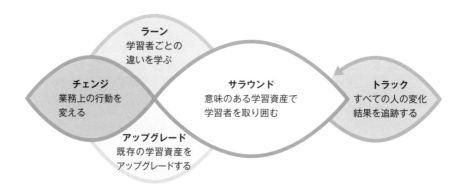

図9-1の左の例（FROM）にあるようなことはありませんか？　ここまでで、5つの行動のそれぞれが、どのようにしてあなたを右の列（TO）に移動させることができるか、おわかりいただけたと思います。

図9-1　ADDIEやSAMなどのIDモデルのみからOK-LCDへ

FROM		TO
経営層は従業員のスキルギャップを懸念している	業務上の行動を変える	組織のすべての人々が、ビジネスゴールと行動変容のつながりを見る
適正な学習機会を見つけることができないため、従業員が離職する	学習者ごとの違いを学ぶ	学習者は、学習を業務フローの内外で、彼らが必要かつ欲しい時、場所、方法で学ぶことができる
L&Dは忙しく行き当たりばったりに古いコースを改善している	既存の学習資産をアップグレードする	L&Dは、効率的かつ戦略的に既存の学習資産をモダナイズできる
L&Dフォーカスは、一度に1つの学習資産をつくるIDの適応だ	意味のある学習資産で学習者を取り囲む	L&Dは包括的観点を持ってOK-LCDを適応して、学習資産のクラスターを作る
L&Dの責任：コース終了後の習得目標の達成と満足度と利用率の報告	すべての人の変化結果を追跡する	L&Dの責任：業務パフォーマンスをもたらし、KPIと行動変容のエビデンスを持ってビジネスインパクトを示す

OK-LCDモデル、その理念と原則、そして行動と関連するツールを採用することによって、ADDIE、SAM、ブレンデッド・ラーニング、アジャイル、デザイン思考を超えた、次のL&Dの進化を体験できるでしょう。一度やってみて、何が起こるか見てみましょう。そして、もう一度やってみてください。徐々に規模を拡大していくことによって、最終的には、すべての学習イニシアティブにラーニングクラスターができるでしょう。

本章では、今までのIDモデルを進化させ、L&D業界の次の進化をリードすることに焦点を当てます。この章では、すでにOK-LCDの原則と理念を実践している企業のストーリーを紹介します。よくある導入の障壁とその回避方法を説明します。また、L&Dが業界のネットワークの中心となることで、L&Dが社内外でのパートナーとなる姿を描きたいと思います。最後に、未来の

L&Dのために、私たち自身のスキルを高めることに焦点を当てます。

すでに未来の中にいるL&D組織

〝未来はすでにここにある。ただ、偏在しているだけだ〟
　—ウィリアム・ギブソン

　世の中に発明の機運が高まると、同じような時期に複数の場所でさまざまな発見や発明がされることが多くあります。コムキャスト（Comcast）社のL&Dリーダーシップチームにインタビューしたとき、私たちはすぐに「同時多発的な発明」の理論が働いていることに気がつきました。コムキャスト社は、OK-LCDモデルで具現化された原則と理念をすでに実践しています。OK-LCDの言葉の一部も使用しています。コムキャスト社は、L&D組織がリードするモダンラーニングデザインの素晴らしい例です。

背景

　コムキャスト社はメディアとテクノロジーのグローバル企業で、18万人以上の従業員を抱えています。コムキャスト社のL&D組織は中央集権組織です。一元化された組織は、インフラストラクチャーの購入や使用にスケールメリットをもたらすからです。また、集中化によって、複数の部門や地域が少ないリソースで同じことをするよりも、一人の個人やチームが各研修をデザインすることによって、効率を高めることができます。コムキャスト社のL&D組織は、トレーニングデリバリーの専門家、インストラクショナルデザイナー、テクノロジスト、プログラムマネージャーなど、500人のプロフェッショナルで構成されています。ここでは、彼らのモダンラーニングデザインへのアプローチ、そのアプローチを拡張するために必要なインフラ、そして得られた成果を紹介します。

OK-LCDの原則に沿った最新の学習デザインアプローチ

　コムキャスト社のL&D部門は、ビジネスと強く結びついています。彼らは、L&Dの成果物がビジネスにとって本質的な価値を持ち、コムキャスト社の従業員への投資となることを強調するために、学習製品という言葉を使いました。

その学習組織はビジネスとしてチームを運営し、コムキャスト社内の顧客をサポートするために、「ビジネス関係を獲得してきた」とL&D担当リーダーのキース・ディアンジェリスは言います。彼らはまた、L&Dのトランザクション的視点を超えようとしています。最高人材開発責任者のマーサ・ソエレン（2019年）は、*TD*誌でこう述べています。

「測定はもはや、TD機能の価値を証明するためだけのものではありません。むしろ、組織、特にTDリーダーがTD機能の提供する価値を最大化できるようにするためのものです」。

コムキャスト社のラーニング・オーガニゼーションの学習開発のプロセスは、本書で紹介した内容に忠実に従っています。
- まず、「この作業の結果、どのようなKPIの改善が期待できるか 」をビジネスに問いかける。
- 学習者のペルソナを作成する。
- トピックごとに分類されたさまざまな学習資産を提供しており、すべてLMSからアクセスできる
- 各資産のフィードバックや、グループとしての評価（効率性の評価と、質的・量的な指標を含むインパクトの評価）を記録している。

新しい理念を支える新しいインフラ

ビジネス目標を達成し、それを効率的かつ反復的に行うために、コムキャスト社の L&Dは、業界標準のLMS以外に独自のテクノロジーツールが必要であることに気づきました。これらのツールの中には特許を得たものもあります。また、彼ら向けに外部のサプライヤーによって開発されたのち、一般にライセンス販売されているものもあります。ここでは、コムキャスト社の学習組織が構築した新しいシステムの一部をご紹介します。
- Single Source of Truth（SST）プラットフォーム：
  200以上の学習イニシアティブがある中で、トレーニング・デリバリーの専門職は、自分たちのトレーニングプログラムのトレーナーやサポート・マテリアルを探すのに苦労していました。彼らは、SharePointを使って、10もの異なるソースを経由することなく使うことができる視覚的

にも機能的にも魅力的なプラットフォームを構築しました。このプラットフォームにはトレーナーが必要とするものがすべて格納されており、常に最新の状態が保証されています。

・Star ChamberのSMEチーム：

　これは、学習者、ビジネス、トレーナーからの最新情報を集めるために開発されたコミュニケーションの仕組みです。毎日仕事を見ている第一線のスーパーバイザーがSMEとなり、貢献へのバッジの発行や、商品購入やチャリティへの寄付に利用したりすることができるポイントを付与するなど、L&Dの取り組みに参加するインセンティブを提供しています。SMEの役割は、トレーニングが現場で起きていることと矛盾しないように、フィードバックや最新情報を提供することです。これらのSMEは、トレーナーのフィードバックや新しいアイデアを検討し、必要に応じてStar Chamber内のトレーニングコンテンツに注釈を付け、さらには受講者の学習を補強するためにトレーニング製品内で使用するビデオをプログラムマネージャーに提出したりします。

・インパクトの測定：

　ソエレンは、「ビジネスへのリターンを1つずつ示す」ことを強く勧めています。彼女は、コストや参加者数などのトランザクションデータを不可欠な基本データとして追跡することを勧めています。しかし、それだけではなく、インパクトを追跡する必要があります。コムキャスト社がインパクトを追跡する1つの方法は、サクセスストーリーの共有です。コムキャスト社のトレーナーは、サクセスストーリーを探すように教えられており、それを彼らの社内顧客で検証した後、National Executive Learning Councilに提出します。四半期ごとに開催される協議会では、コムキャスト社の各事業部のシニアリーダーがサクセスストーリーの共有に時間を割いています。また、コムキャスト社の人事チームは、ビジネス・インテリジェンス・チームと社内で提携し、意味のある予測分析を実現しています。L&Dチームが、最新のデータ分析のトレーニングを受けることは、トラッキングインパクトを成功させるための重要な要素です。

・Portal Making Machine（PMM）：コムキャスト社は、MakeSense Design Co.と提携し、インフォーマル、フォーマル、セルフ学習、そして計画的な学習資産をまとめた学習ジャーニーポータルをカスタム構築し

ました。それまで、学習者としての従業員は、LMSとは別の場所にある
プレワークをスキップしていましたが、今では、ポータル・メイキング・
マシーンを使って、それぞれの学習イニシアティブにポータルを作成した
ことによって、マネージャー、メンター、承認者、そしてもちろん学習者
など、複数の役割の人が関わるようになりました。ポータルは、「気づき」
「学び」「実践」「実証」のフレームワークに沿って作られています。学習
者はフレームワークのすべての部分を通過し、他の役割の人々はフレーム
ワーク内の戦略的に選択されたポイントで学習者と対話します。また、ト
レーニングはインフラを実現する上で重要な役割を果たします。例えば、
システム内のメンターはトレーニングを受け、参加をサポートするための
ツールキットを受け取ります。

モダンラーニングを大規模に設計し、L&Dがビジネスに変化をもたらすこ
とに集中するためには、このような合理的なシステムが必要です。

ニーズに合った学習資産
コムキャスト社のL&Dは、学習者のニーズとビジネス目標を深く理解し、
L&Dスキルと新しいテクノロジーを融合させることで、効果的な学習を生み
出しています。ここでは、コムキャスト社の学習イニシアティブの影響を示す
2つの例を紹介します。

eラーニングからAR（拡張現実）への変換：
重要なeラーニングコースのコンテンツを大幅に更新する必要がありました。
アニメーションを使ったeラーニングコースだったため、費用がかさむことに
なりました。技術者は、「顧客への信号ネットワーク」技術の仕組みをより深
く理解するために、このトレーニングを必要としていました。トレーニングの
一環として、アニメーションのeラーニングコースを終えた後、技術者はヘッ
ドエンド施設（コムキャスト社のネットワークを通じて信号が顧客に伝送され
るハブ）を実際に見学することになっていました。コムキャスト社のL&Dは、
既存のコースを単純に更新することもできましたが、アニメーションの変更に
はコストがかかります。そこで、彼らは学習者が本当に必要としているものは
何かを考え、より良く、より費用対効果の高い方法を提案しました。彼らは、

優先サプライヤーを使ってトレーニングを開発し、それに続いてヘッドエンド施設の臨場感あふれるバーチャルリアリティツアーを実施しました。さらに、バーチャルリアリティツアーは、ヘッドエンドの機器を損傷する物理的なリスクを軽減し、ヘッドエンドの技術者が仕事の合間を縫って直接ツアーを行う必要がなくなりました。その結果、以下のような効果がありました。

- 世界水準のNPS：学習者の81.7%がコースを推薦すると答え、83%が配信方法を推薦と回答。
- １年間で約800時間の従業員による対面式ツアーを削減。

90日間のオンボーディングプログラムを実施：

これまでの研究によって、メンターやスーパーバイザーが関与することで、オンボーディングプログラムの成果が上がることはわかっていました。そこで、４週間のILTコースをセルフサービスのポータルに置き換え、メンターと承認者であるマネージャーが関与するソーシャルラーニングを実現しました。重要なのは、誰もが簡単にポータルで交流できるようにすることでした。サポート役の各人は、課題が完了してレビューの準備ができると、作業画面に直接リンクするメール通知を受け取る仕組みになっています。このシステムでの評価には、定量的なものと定性的なものがあります。承認者は、コメントでフィードバックしたり、定量的なスコアリングで新入社員が目標を達成していることを確認したりすることができます。学習者はアンケートに答えて、メンターから受けた支援とその効果を評価します。マネージャーとメンターの関与が高まると、新入社員のパフォーマンスとエンゲージメントも高まります。セルフサービス・プラットフォームに関与したマネージャーのチームと、そうではないマネージャーのチームに比べて、組織内の離職率が低かったことがわかっています。

コムキャスト社は、本書に綴られているモダンラーニングのデザイン原則に従っています。コムキャスト社は、従業員の業務上のパフォーマンスを変え、仕事の流れの中でも外でも複数の学習資産を提供し、学習者のニーズと状況に焦点を当てています。その結果、未来にあるような世界レベルの学習組織がすでにできていることがわかります。

未来のL&Dを目指して

　私たちL&D関係者は、人や組織にとって変わることがいかに難しいかを誰よりもよく知っています。もしかしたら、あなた自身も、他の人がこの困難に対処するのを助けるために、チェンジマネジメントのトレーニングを開発したかもしれません。そして今、私たち自身にこのチェンジマネジメントの原則を適用する時が来ました。そうすることで、私たちはL&Dの未来を担うことができるのです。

成功をイメージする

　まず、本書の「実践編」で紹介されている企業のメリットを思い出してみましょう（図9-2）。

- **ブルースケープ社**では、予算が増え、トレーニング・リソースが増え、学習資産はビジネスに影響を与えるという新たな信念が生まれ、L&Dをベースにした新しいビジネス製品の検討を開始した（第２章、第４章）。
- **VISA**は、モダン・ラーナー（今、現代の学習者）の「For me（自分のために）」というニーズに応えるラーニングクラスターを開発することで、オンボーディング・ワークにおいて研修クラス最高のNPSスコアを獲得した。L&Dは、定量的・定性的な指標を戦略的に用いることで、全員の成果とL&Dのビジネスへの貢献度を明確に示した（第４章、第７章）。
- **ゴリラ・グルー・カンパニー**は、78のトレーニングトピックを刷新するというニーズに、ラーニングクラスターを提供することで効率的に応えた。また、このソリューションは迅速かつ低コストであるという利点もあった。マネージャーは、L&Dに対して、単にトレーニングをデザインするのではなく、問題解決のために学習の専門知識を活用することを求めるようになった（第６章）。
- **Paycor社**は、Aspiring Managersのラーニングクラスターにより、多様な従業員の管理能力を高めるというビジネスニーズに応えた。それぞれのペルソナのニーズを考慮して、Paycor社の L&Dは効果的なラーニングクラスターを作成。管理職志望の受講修了者は、このラーニングクラスターを経験していない学習者に比べて、直属の部下から高いエンゲージメントを得て、「コーチング指数」のスコアも高くなっている。また、定性

データによると、このクラスターは、組織のサイロを打破し、社内のネットワークを広げ、コア・マネジメント・コンピテンシーに関する継続的な議論を促進したことが示されている（第5章、第6章）。

図9-2　従来L&Dとラーニングクラスターデザインの比較結果

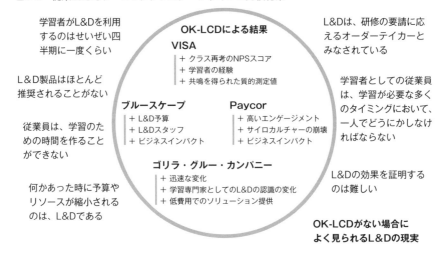

学習者がL&Dを利用するのはせいぜい四半期に一度くらい

L&D製品はほとんど推奨されることがない

従業員は、学習のための時間を作ることができない

何かあった時に予算やリソースが縮小されるのは、L&Dである

OK-LCDによる結果

VISA
+ クラス再考のNPSスコア
+ 学習者の経験
+ 共鳴を得られた質的測定値

ブルースケープ
+ L&D予算
+ L&Dスタッフ
+ ビジネスインパクト

Paycor
+ 高いエンゲージメント
+ サイロカルチャーの崩壊
+ ビジネスインパクト

ゴリラ・グルー・カンパニー
+ 迅速な変化
+ 学習専門家としてのL&Dの認識の変化
+ 低費用でのソリューション提供

L&Dは、研修の要請に応えるオーダーテイカーとみなされている

学習者としての従業員は、学習が必要な多くのタイミングにおいて、一人でどうにかしなければならない

L&Dの効果を証明するのは難しい

OK-LCDがない場合によく見られるL&Dの現実

変革への抵抗をマネージする

本書で述べられているような結果を達成し、ラーニングクラスターを組織全体の戦略として導入するには、通常、いくつかの混沌とした状況を乗り越える必要があります。そのためには、自分が持っているベストチェンジマネジメントモデルを脱ぎ捨て、まず、自分が知っていることを適用することから始めることをお勧めします。

まずはチェンジマネジメントの一環として、意図的に、あるいは混沌の副産物として、何が変わるのかを明らかにしましょう。この本の中に出てくる多くの "From/To Shifts "という数字を見てみてください。これは、何が変化するかを示しています。この変化によって影響を受けるのは誰なのかを考え、その人たちと協力してシフトを成功させる必要があるでしょう。

私たちが他の人たちと仕事をする中で、典型的なカオスは、組織文化、予算、L&Dスタッフの配置、L&Dスタッフの能力などです。ここでは、私たちや私たちのネットワークに参加している人たちからのアドバイスをまとめました。

組織文化

L&Dに対する既存の認識、L&Dの仕事、L&Dの成功指標などが、スタートする上での最大の障壁となることがよくあります。私たちは、トレーニングプログラムからラーニングクラスターまで、L&Dが提供するものに対するステークホルダー、顧客、学習者の期待を変えたいと考えています。第8章では、GottaLearn社のL&Dチームが組織文化を変えるために採ったアプローチを示しています。彼らは、インフォーマルなランチの場や学習の場を活用して経営層との情報共有、コミュニケーションを図っています。あなたの職場においても、OK-LCDの原則を適応できる場を見出し、その利点を共有しましょう。

- 現代のL&Dには、One and doneのトレーニング（一度提供するイベントで研修終了）を超えた責任があることを認識する。利害関係者や顧客にL&Dが提供する製品を指示させるのではなく、自分たちの専門知識を有効に使って、何が必要で、そのギャップを解除するために何を提供するのかを組織と共有する必要がある。
- パフォーマンスを変えるという目標に全員の焦点を合わせる。「最終製品の提供」から、みんなが望んでいるゴール、つまり業務上のパフォーマンスを変えることに焦点を移すことで、今までとは違うものを提供する自信を生む。
- 複数の資産によるアプローチによってギャップを解消するケースのパイロットと結果を紹介する。学習イニシアティブとして1つのラーニングクラスターを試験的に使用し、その成功を共有する。このような初期のプロジェクトに基づいて勢いが構築を始めるのであれば、新しいアプローチのチャンピオンが組織内に現れることによって、期待も変わっていくことが望まれる。

予算

OK-LCDモデルは、予算の問題を解決するためにいくつかの方法を採用しています。

- **投資はデータに裏付けられる**：L&Dは、投資すべきテクノロジーや作成すべき学習資産を無作為に選択するのではなく、学習者がそれを望んでいる、あるいは必要としていることを示すデータを提供し、それによってビジネス目標が達成されるようにすることができるようになる。（チェンジ

とラーンのアクション）。

- **将来のL&Dイニシアティブのためのスポンサーシップを得る**：実践編で見てきたように、L&D部門が１つの大きな成功を収めれば、通常、予算は問題にはならない。予算削減とは対照的に、L&Dがどのようにビジネスゴールに貢献しているかを示すことができれば、予算を増やすことも可能。L&Dは、ビジネスパフォーマンスのための重要な投資とみなされる。

L&Dスタッフィング（人員配置）

多くの人は、複数の学習資産を作成すると、必要なリソースが大幅に増加するのではないかと懸念します。しかし、実際には、最初のラーニングクラスターの後は、容易になり、必要なリソースも少なくなります。最初は、学習モードも入っているため、常に110％の力が必要です。その後は、スタッフの労力を低減、少なくともスタッフの努力を方向転換できるものが以下です。

- すべてのコンテンツが１つの学習資産に詰め込まれているのではなく、複数の学習資産があることによって、製品を設計してリリースするまでの時間が短くなる。
- クラウドソーシングによって、資料作成時間が短縮される。それに代わり、L&Dスタッフは、クラウドソース先の人々が知識や経験を効果的に共有するための、記入用テンプレートを提供することに集中する（WikiHowを検索すると、DIYのための標準テンプレートを作成した方法を見ることができる）。
- クラウドソースやL&Dが作成した学習資産を再利用することで、大幅な時間短縮を実現できる。
- ブログやWikiなどの社内システムを構築することで、ピア・ツー・ピアの教育を可能にする。このようなフォームの作成を始める際には、システムの利用者や作成者に質の高いフィードバックを保証するSMEを任命しよう。
- 新しいテクノロジーの提供や新しいインフラのセットアップを行う際には、社内のパートナーシップを利用して、スタッフと予算の両方を活用することができる。L&Dの組織が、IT部門と提携してソフトウェアを設計・開発したり、業務で使用されているソフトウェアやアプリを利用したり、さらにはクライアント向けのソフトウェアをL&Dの内部で使用したりする

ことも可能。さらに、L&Dは、ブランディングやグラフィックデザインなど、マーケティングや外部コミュニケーションなどの他部門のスタッフが持つ強みを活用することができる。
・信頼できる一流のコンテンツの外部チャネルを見つけたり、従業員が会社や組織の外にある必要なリソースに容易にたどり着くための道筋を作る。

L&Dスタッフの能力

どんな仕事でもそうですが、スキルは常に磨いていく必要があります。OK-LCDにはいくつかの大きな変化があります。

・**複数の資産を管理する**：まず、インストラクショナルデザイナーは、ビジネスや学習者のニーズを満たすために、複数の学習資産を効果的に管理するスキルを身につける必要がある。多くのL&D専門家は、単一の計画された学習資産の世界に慣れている。ビジネスゴール、複数の学習者、複数の資産に関連するデザインの考慮事項を扱うことは、新しいスキルである。L&Dのリーダーは、モダン・ラーニングのデザイン原則と理念を学び、現代の学習ニーズを満たすために組織を指導し、責任を負うことができなければならない。

・**L&Dのテクニカルなスキルセットを増やす**：フォーマルな学習のタッチポイントの外に資産がある場合、トレーニングやeラーニングソフトウェア以外の能力が重要になる。ビデオ撮影、アプリ開発、パブリックスピーキング、ビデオゲームデザイン、グラフィックデザイン、コーディングなど、ラーニングクラスターのパターンや傾向を見ていると、これらのスキルが当たり前になってくると考えられる。あなたの組織の中で、これらのスキルをすでに持っている人、隠れた才能を持っている人がいるかもしれない。

学習開発チームのメンバーの個人的な趣味も常に把握してください。次のラーニングクラスターに何が役立つかはわかりません。

・**テクノロジーパートナーシップを頼る**：テクノロジーは非常に複雑な分野だ。L&Dのみですべてを把握することは不可能であり、その必要もない。L&Dスタッフは、ARやVRの作成方法や、ビッグデータ分析プラットフォームのバックエンドのプログラムを知らないかもしれない。しかし、L&Dがモダンラーニングをデザインする際には、テクノロジーサプライ

ヤーの知的パートナーとしての役割を果たさなければならない。徹底した学習者のペルソナを持ち、9つの要素がテクノロジーによってどのように実現されるかを理解していることによって、サプライヤーが必要とするユーザーやデザイン要件、プロセスに関する貴重な情報を提供することができる。また、そのソリューションが世の中に存在しない場合は、必要なインフラを構築するために社内で人材を採用する必要があるかもしれない。

L&Dの新しい方向性

　チェンジマネジメントとは、これまでのやり方の壁を乗り越えることだけではなく、未来の新しい可能性を導入し、最大限に活用することでもあります。

　L&Dは、パフォーマンスマネジメントやキャリア開発において、より強い役割を果たすことができます。ビッグデータテクノロジーが導入されると、パフォーマンス部門やキャリア開発部門の担当者も注目し始めるかもしれません。バーチャルリアリティから計測プラットフォームに至るまで、新たに登場するテクノロジーは、ユーザーがシステム内を移動する際にあらゆるデータを収集することに重点を置いています。L&Dの専門家として知っているすべてのことを考慮すると、あなたは、学習経験を損なうのではなく、パフォーマンスを向上させる方法で、データを賢く使用する方法を決定する役割を担っています。ラーニングクラスターのデータは、学習者が練習や学習をしている間に測定するものであり、ボーナスや昇進のために使用したり、成績の悪い人を排除するために使用したりすることはできないということを、組織内の他のグループに明確に伝えてください。これらのデータはボーナスや昇進のために使われたり、成績の悪い人を排除するために使われたりするべきものではありません。同時に、データは学習者同士を結びつけ、学習教材へのアクセスを確保し、キャリア目標に合わせ必要な支援をし、それらをリアルタイムで把握することで、学習者の成長を支援することができます。

　L&Dはチェンジ・イニシアティブをサポートすることができますが、チェンジマネジメントはコミュニケーション戦略に発展することが多いのが現実です。L&Dによるペルソナワークや行動変容に焦点を当て、古いアプローチから新しいアプローチへの移行をサポートするためのラーニングクラスターを作成することは、変革の取り組みに関与することになります。それは、L&Dが主要なビジネス変革の「サポート」ではなく、「中心に位置すること」になる

ということです。L&Dがどのように変革の取り組みに貢献できるかを伝え、その結果がどうなるかを見ていかなければなりません。

　L&Dは、企業全体のテクノロジー投資のパートナーとしての役割も果たすことができます。ラーニングクラスターをどんどん構築していくと、組織や学習者に付加価値を与える特定のタイプのテクノロジーやインフラのパターンが見えてきます。また、他の機能のテクノロジーを学習目的に使用する方法も見えてくるかもしれません。組織が検討しているテクノロジーについての知識を深め、必要に応じてサポートを表明しましょう。

OK-LCDモデルで未来を描こう

　OK-LCDモデルを使って最新の学習をデザインする能力を身につけることは、1回で終わるものではありません。それは反復的な、瞬間瞬間の旅です。この本は、あなたの棚の中の1つの資産です。私たちは、この本が、あなたが学習を必要とする最初の瞬間、つまり「初めての学習」に役立つことを願っています。そして、本は自律的にアクセス可能なので、いつでも手に取ることができ、他の学習が必要な瞬間に知識をリフレッシュすることができます。また、本は章立てになっており、随所にグラフィックや視覚的なヒントが散りばめられていますので、必要なときに必要なものを見つけていただければと思います。

　しかし、本は1つの学習資産に過ぎません。強力なラーニングクラスターに満ちた未来を構築することは、あなたが一人で取り組むべき課題ではありません。あなたのモダンラーニングをデザインする旅をより完全にサポートするために、私たちはOK-LCDモデル（図9-3）に基づいてラーニングクラスターを作成する独自のプロセスを適用しました。また、あなたやあなたの同僚が言語やアクションのスキルアップに役立つ学習資産を提供し、次に学習課題に取り組むときに一緒に実践できるようにしています。また、次のプロジェクトでは、私たちのエキスパートであるコンサルタントとのコラボレーションも可能です。最後に、私たちのソーシャル・学習資産を通じて、モダン・ラーニング・コミュニティに貢献し、発展させることをお勧めします。モダンラーニングの仲間とつながり、私たちの研究に触れていただくことで、L&Dの専門家として、共に重要な飛躍を遂げることができます。これらの情報はLearningClusterDesign.comでご覧いただけます。

本書で紹介しているモデル、各アクション、そしてストーリーは、L&D業界が直面しているさまざまな変化に対応するための、統合的かつ柔軟なソリューションです。私たちは、派手な最新のトレンドに飛びつくのではなく、合理的で現代的な学習デザインのプロセスを提供しています。私たちは、現在知られていない未来のテクノロジーを考慮したモデルを提供し、杓子定規なデザインの推奨を避けています。私たちは、L&Dが過去に役立った中核的な能力に固執するのではなく、スキルやアイデアを広げることを奨励し続けています。

　近年、多くの業界でディスラプション（破壊）が起こっていますが、L&Dも例外ではありません。多くの場合、私たちは変化を少しずつ経験しますが、時間が経って初めて全体像が変化したことに気づきます。私たちは、新しい世界での自分の立ち位置について悩むことになります。振り返る前に、勇気を持って前に進み、次の世紀の指針となるような新しい考え方や方法を採用しましょう。私たちL&D担当者は、以前は、複数の資産をビジネスパフォーマンスに結びつけて提供する可能性を考えたことはありませんでした。今、その可能性は皆さんの手の中にあります。私たちは、理念と原則、アクションのモデル、そしてアクションを助けるツールを提供してきました。私たちは、あなたの組織でのラーニングクラスターを実現するために、コラボレーションし、私たちの専門知識を活用するためのドアを開いています。しかし、モダンラーニングを実現するのは、あなた自身です。人が成長すれば、組織も成長し、最終的にはコミュニティも成長します。

　あなたは準備ができていますか？　一緒に道を切り開き、人材育成・人材開発をレベルアップさせましょう。

図9-3　OK-LCDのスキルアップのためのラーニングクラスター

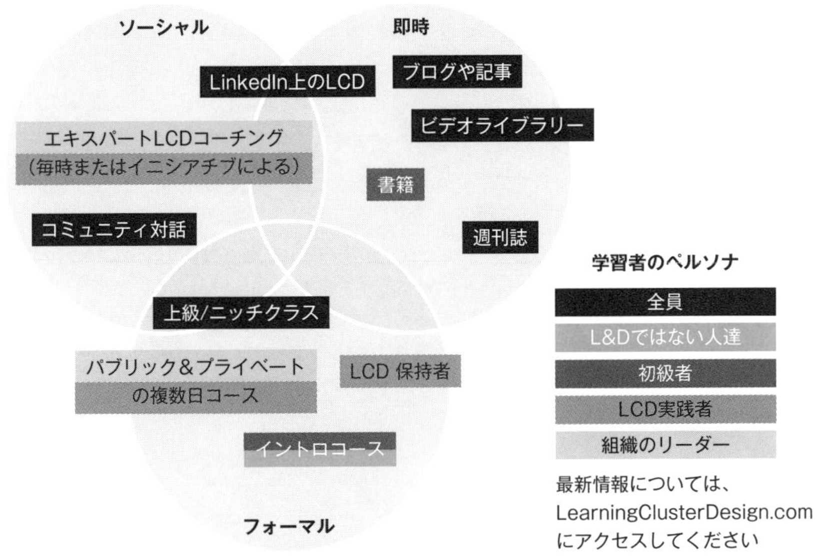

学習資産	学習資産（学習資産）の説明	どこで手に入るか
LCDチームのソーシャルメディアチャンネル	継続的な洞察を得るために、私たちの会社をフォローしてください。私たちのチームメンバーは、何か質問があれば、すぐに連絡できる素晴らしいリソースです。	LearningClusterDesign.com/about-team
コミュニティグループ	私たちは成長を続けており、ピア・ツー・ピアの学習やLCDモデルの成功事例を共有するための新しい方法を追加しています。みんなで一緒に学びましょう。	LearningClusterDesign.com/community
ブログ・メディア	ブログを購読すると、最新の研究情報を得ることができます。	LearningClusterDesign.com/research
本	この本を手元に置いて、現代の学習でスキルアップしたい人と共有してみてはいかがでしょうか。	td.org/books/Designing-for-Modern-Learning
基調講演	次回のリーダーシップミーティングや会議で、パワフルな基調講演を行い、貴社の学習・開発に関するマインドセットシフトを起こしましょう。	LearningClusterDesign.com/contact

学習資産	学習資産（学習資産）の説明	どこで手に入るか
エキスパート・パートナーシップ	究極の学習は、実行するときに起こります。LCDモデルのエキスパートである当社のコンサルタントチームと協力して、ビジネスの成果を上げ、その過程で能力を向上させましょう。	LearningClusterDesign.com/consulting
自習用オンラインコース	オンラインコースで、あなたとあなたのチームのためのLCDモデルをご紹介します。	LearningClusterDesign.com/learning-solutions
プライベートワークショップ	1日または2日間のプライベートワークショップで、チームの基礎的な能力を高めます。	LearningClusterDesign.com/learning-solutions
各アクションのツール	最新のツールテンプレートをジョブエイドとして使用することで、各アクションを成功に導くことができます。	LearningClusterDesign.com/book-bonus

謝　辞

　この本は、さまざまな洞察力、視点、意見、ストーリー、経験などを提供してくださった多くの方々とのコラボレーションによって実現しました。皆様に深く感謝いたします。今、そしてこれからの数十年のために、私たちは一緒にこの職業をモダナイズすることができるのです。

　現代の学習言語と現代の学習の9つの要素に貢献してくれたオハイオ大学のインストラクショナルデザインの学生たち、特にChris Hawks、Siyang Jang、Chris Palmer、Tracy Robinson、Kyle Rosenbergerに感謝します。

　Designing for Modern Learnersワークショップの参加者、特にAmy Bartle、John Cline、Brienne Crouse、Tanacha Clinton、Dawson Cochran、Charles Evans、Sherri Guerra、Steve Hawkins、Kelly Muno、Loc Nguyen、Megan Roddy、Luann Tarvinに感謝します。今回のワークショップをサポートしてくださったDiane Mullins氏（Good Practice Training Group所属）、Leigh Tingle氏（Bridge Education所属）、Stephen Wallmark氏（Tal-ent Analytics）、Zach Rubin氏（Professional Book Club Guru）に感謝します。

　LCDモデルの一部についてのミニセッションに参加し、月例会で追加の意見を提供してくださった各地のATD支部の皆様。特に、ATD Southwest Floridaでは、Lorna Kibbey、Vern Schellenger、Dulce Gonell、Melissa Rizzuto、Rebecca Ruding、ATD Greater Cin-cinnati（およびDayton）では、Leah Cridlin、Carol Erisman、Chris Eversole、Greg Goold、John Healey、Pam Nintrup、Bob Riess、Laurel Sharp、Rita Verderber、Steve Wallmark、Karen Bishea Williams、Otis Williams、Jonathan Wilsonにご協力いただきました。

　ツールやルーブリック、コンセプトや定義について意見を求めた数多くのメールに、迅速に返信してくれた私たちのネットワークの人々（Dawson Cochran、Greg Goold、Diane Hartt、Shubhangi Kelkar、Lorna Kibbey、Pam Nintrup、Mike Pino、Tracy Robinson、Eli Thomas、Vern Schellenger、Agnus Whiteなど）、および「学ぶ」ツールの主要な要素を一緒に作ってくれたKaren Bishea Williamsに感謝します。

この本にストーリーを提供してくださった方々に感謝します。ブルースケープ社からは、ロク・ニュエンさん。コムキャスト社からは、マーサ・ソエレン、キース・デアンゲリス、デビッド・バロン、ジェナ・ウィスニエフスキー、ジェシカ・スタッブス。ゴリラ・グルー・カンパニーより、Luann Tarvin、Brienne Crouse。Paycor社からは、Greg Goold、Maggie Jackson、Jillian Hintz。元ザッポスからは、Rich Hazeltine、Amy Stewart、Allison of Customer Service、Tanacha Clintonさん、本当にありがとうございます。Tanacha Clintonさんは、グラフィックの才能とインストラクショナルデザインの専門知識を組み合わせて、私たちのラーニングクラスターデザインモデルのグラフィックを作成してくれました。

最後になりましたが、ATDのアソシエイト、特にこの仕事を始め、2014年からバーチャルと対面の両方で多くのやり取りをしてサポートしてくれたアン・パーカーに感謝します。また、クララ・フォン・インス、エリザ・ブランチャード、パティ・ゴール、ケイ・ヘヒラー、スティーブ・アーネスト。そして、開発エディターのKathryn Staffordさんは、LCDのコンセプトを深く理解するための2日間のコースを受講するために、わざわざ州外まで足を運んでくれました。彼女の熱意とスキルは、LCDのメッセージを読者の皆様に簡単にお届けするために、当初の執筆活動を超えて私たちを後押ししてくれました。

付録 1

業務上の行動を変える ツール

このツールの目的：

　改善が期待されるビジネス上の成果を起点に、リバース・エンジニアリング・プロセスを用いて、ラーニングクラスターのオン・ザ・ジョブ・チェンジ目標（戦略的パフォーマンス目標）を明確にします。また、プロジェクトの利害関係者や顧客へのインタビューを通じて、テンプレートへのインプットを得ます。その後、サラウンドアクションで、戦略的パフォーマンス目標を達成するための学習資産の最終目標と実現目標を策定します。

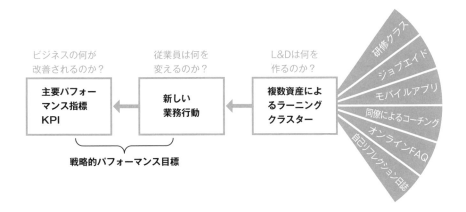

改善することで＿＿＿＿＿＿＿＿＿＿＿＿＿のために＿＿＿＿＿＿＿＿＿＿＿＿＿の
【スキルやパフォーマンスのギャップの名称】　　　　　　　　　　　　　【対象となる学習者グループの名称】

ビジネスには以下のようなメリットがあります。＿＿＿＿＿＿＿＿＿＿＿＿＿＿＿
【コスト、ボリューム、競争力、時間など、どのKPIが改善されるかを記述する】

私たちが目にすることになるOJTでの行動の変化は、【1つ以上の望ましい観察可能な行動を列挙してください】
・
・
・

　サラウンドアクションでは、学習クラスターの目標階層を完成させるために、最終目標と実現目標を書きます。以下の図とテンプレートを参考にしてください。

最終目標

この学習資産によって、＿＿＿＿＿＿＿＿＿＿は、＿＿＿＿＿＿＿＿＿＿＿＿＿
【オーディエンス／「誰」】　　　　　　　【条件、状況、ジョブエイド／ツール】

を使って/の条件下で＿＿＿＿＿＿＿＿＿＿＿＿を＿＿＿＿＿＿＿＿＿＿＿＿＿
【行動/観察可能なスキル】　　　　　　【目に見えるパフォーマンスの度合い、質】

（の程度）できる。

実現目標

このモジュールまたはセクションは＿＿＿＿＿＿＿が＿＿＿＿＿＿＿＿＿＿＿＿＿
【オーディエンス／「誰」】　【ビヘイビア／ビジブル・スキル】

を使って/の条件下で＿＿＿＿＿＿＿＿＿、＿＿＿＿＿＿＿＿＿＿＿ができる。
【条件、状況、ジョブエイド/ツール】【目に見えるパフォーマンスの度合い、質】

付録2

学習者ごとの違いを
明確にするツール

このツールの目的：

　ターゲットとなる学習者のグループごとの学習ニーズの違いを掘り下げることは、学習資産の選択だけではなく、インストラクショナル・デザインに影響を与えます。このツールは、それらの違いを把握し、言語化するためのガイドとなります。最終的には、SPO（戦略的パフォーマンス目標）に関連付けられた学習者属性の特性をセグメントに分け、一連の学習者ペルソナとしてストーリーを作ります。

１．すでに知っていることをまとめる

　各グループの学習者について、あなたがすでに知っていることを書き留めてください。それらの情報は、一般的には表形式で記録しますが、必要に応じて任意のシステムを使うことも可能でしょう。

　学習者情報リストを使って、すでにわかっていることを記入します。空白部分はステップ２で埋めていきます。まず、大きな学習者グループの基本的な属性の違いから始めます。次に、聞いている過去の経験や、当初に開催した関係者やこの学習クラスターに適合すると思われる人たちとの話し合いから得られた違いを表す情報を追加します。重要なのは、対象となる学習者グループの中で、どのサブセットがSPOに記載されている望ましいKPIに大きな影響を与えるかという当初の疑問に対する回答なのかを書き留めておくことです。自問

してみてください。

- ・パフォーマンスギャップが最も大きいのは誰か？（「問題アプローチ」）
- ・誰の成長が全体に大きな影響を与えるのか？（「強み」のアプローチ）
  - **ヒント：**大胆にいきましょう。それらのデータはあなたの目の前にしかありません。"問題児"が何であるかわかっているのなら、それを挙げてください。明白な現実と障壁を特定することは、それらに効果的に対処するための良い方法です。

　より大きな学習者グループのサブセット間の主要な違いを探していることを念頭に置いてください。「主要な」とは、そのプロジェクト、SPO、スキルギャップに関連していること、あるいは業務上の望ましい行動やパフォーマンスを意味します。あらゆるデータの断片を集めようとしないでください。膨大な量になってしまいます。

２．学習者の違いをより深く理解するために

追加情報の必要性を確認する。
　ステップ１と同様に、以下のリストを使って情報を収集します。学習者ごとの主要な違いを明らかにするために、以下のようなデータを探します。
- ・何を、どこで、いつ、どのように学習する必要があるのか、学習者ごとの違いを明らかにする。
- ・スキル、態度、知識の違いを明らかにする。
- ・現在のパフォーマンスの違いと、SPOへの影響の違いを強調する。
- ・ステップ１で述べた「すでに知っていること」の情報を確認や見直しをする。

どのようにデータを入手するのか？
　定性・定量データの収集には、インタビュー、アンケート、業務の観察、セルフアセスメント、テスト、既存の仕事やデータの分析などの一般的な方法があります。データ収集には予算が必要な場合もあります。また、社内には、すでに情報が存在しているものの分析されていない場合もあります。

違いを発見するための学習者情報

　多くの学習プロジェクトでは、以下のようなデータが役立ちますが、プロジェクトによっては、さらなる追加項目が必要になる場合もあります。その際、気をつけなければならないことは、大きな学習者グループの中のサブセットの特定を充足するためのデータを見つけようとしているのであって、そのグループについて知られているすべての情報を集めようとしているわけではないということです。

◆ **主な属性の違い**
　・今回のSPO、スキルギャップ、KPI、希望するOJT行動などに関連するものだけを記載します。
　・例：役割、機能、レベル、在職期間、年齢、性別、部門、国

◆ **主な学習ニーズの違い（全般）**
　・トレーニングや学習に対する典型的な反応
　・業務で使用している主なテクノロジー（学習資産やパフォーマンス支援のための活用の可能性を考えるため）
　・好みの学習方法（例：クラス、eラーニング、ビデオ、セルフアセスメント）
　・学習ニーズに対する自己認識のレベル

◆ **業務生活における主な違い（全般）**
　・勤務時間
　・業務環境
　・時間裁量のレベル
　・学習に最適な時間（業務デスクから離れた場所、会議中、自宅）
　・学習の障壁
　・学習のためのネットワーク（何か疑問があるとき誰に答えを求めているか？）

◆ **キーとなるパフォーマンス・ギャップの違い（プロジェクトに特有）**
　・現在のスキルやパフォーマンスレベル
　・このスキルセットに対する姿勢
　・行動変容の障壁

- ・このスキルセットについての認識、または業務上の必要性
- ・このスキルセットに対する能力の自己評価
- ・KPIへの影響の予測
- ・パフォーマンスギャップが最も大きいのは誰か（「問題アプローチ」）？
- ・誰の成長が全体に大きな影響を与えるのか（「強み」のアプローチ）？

◆**学習者（従業員）が学習を必要とする可能性の高いタイミングや場面、学習者はいつ、どこで、そのどのような場面で学習の必要性に直面する可能性があるのか**
- ・初めての学習（新規）
- ・さらに学ぶ必要があるとき
- ・学んだことを業務に応用するとき
- ・上手くいかないとき
- ・何かが変化するとき

◆**訴求力のある、あるいは必要とされる学習資産のタイプに関するアイデア**

3. 分析結果から学習者のペルソナプロファイルを作成する

　情報収集後、すぐに分析を行います。時間が経つと印象が悪くなり、重要なハッとする瞬間を逃してしまいます。分析の際には、データを重視し、早い段階での判断を避け、バイアスや個人的な好みを最小限に抑えます。仮説を立て、データを使ってその考えを証明したり否定したりすることが効果的です。

　情報分析を終えたら、そこから3〜5人のペルソナを抽出し、それぞれのプロファイルを完成させます。次の表は良い出発点となります。左側の列には、ペルソナの違いを描くのに必要なものだけを集めてください。いくつかのコラムには、すでに項目が記入されていますが、これらの項目はすべてのプロジェクトにおいて推奨されるものです。

　　　ヒント：各ペルソナに正反対のものを含める必要はなく、SPOに強く影響を与えるものだけで構いません。例えば、"新しく昇進した人"がグループに含まれている場合、他のペルソナは"ずっと前に昇進した人"よりも深い内容にする必要があります。

データ分析については、P229の「ラーニング・ペルソナを作るためのナレッジ分析の技」を参照してください。

学習者ペルソナプロファイル

ペルソナ名 短い概要説明	1.	2.	3.
SPOへの影響の可能性（高、中、低）			
1．主な属性の違い			
2．学習ニーズの違いのポイント			
トレーニングや学習に対する典型的な反応			
業務で使っている主なテクノロジー			
望ましい学習方法			
業務への姿勢			
3．ライフ・アット・ワークの主な相違点			
4．主要なパフォーマンス・ギャップの違い			
現在のスキル・パフォーマンスレベル			
5．学習の必要性を感じる瞬間			

4. 学習者ペルソナ　ストーリーの作成

　各ペルソナを説明するためのオリジナルストーリーを書きます。ストーリーに命を吹き込むために、ペルソナには名前を付け、アバターなどで顔を作りましょう。とにかく始めてみてから、微調整していきましょう。ペルソナを他の人と試してみてください。その特徴をリアルに感じられますか？　グループで読んでみると、重要な違いが明らかになるはずです。それぞれのペルソナと、SPOやスキルギャップとの関連性は、明確で特徴的なものでなければなりません。これらのストーリーは、各ペルソナの学習およびパフォーマンスのニーズを満たすために、ラーニングクラスターと学習資産を選択する際の基礎となり、ラーニングクラスターの一部としての学習資産を選択する際の根拠となります。

5. ペルソナを活用した学習資産の選択と設計

一度に一人のペルソナについて考えます。そのペルソナのスキルを高め、フラストレーションを減らし、学習を必要としている場面に適切に存在するためには、どのような学習資産が役立つかを書き出します。このプロセスでは、ペルソナのストーリーやプロフィールを定期的に参照します。以下の図は、ブレインストーミングを行ってそれを記録するための1つの方法です。サラウンドアクションでは、学習資産が選ばれますが、このチャートはその良きガイドとなります。

学習者ペルソナのニーズを満たす可能性のある学習資産

ペルソナ1: ＿＿＿＿＿	ペルソナ2: ＿＿＿＿＿	ペルソナ3: ＿＿＿＿＿
・ ・ ・ ・	・ ・ ・ ・	・ ・ ・ ・

ラーニング・ペルソナを作るためのナレッジ分析の技

必要なデータを取得した後、今度はそれらを分析する番です。ペルソナ策定の専門家であるカレン・ビシアは、「これはチームで行うのが一番です。電子的に行うこともできますが、私の経験では、ポスターサイズのテンプレートを部屋の周りに貼ってブレストすると、視覚的に大きく捉えることができ、それが重要な学びの発見を促します」と述べています。

・情報の調査。
・基盤を作る——属性、インタビュー、サーベイの知識からナレッジグリッドを作成する。
・情報収集、評価、知識の整理を行い、ペルソナのアウトライン案を作成する。3〜5種類のペルソナを探求する。
・各ペルソナの可視化を始める。その概要案は、項目の整理、優先順位付けに役立つ。時に難しいが、信念を持って進めること。
・各ペルソナのイメージを言葉で描き始める。このプロセスにより、さらなる洞察やつながり、関係性が見えてくる。
・一歩下がって全体を見渡し、必要に応じて調整する。各ペルソナは、個人ではなく、個人の複合体として表現する。
・最終的に3〜5人のペルソナのプロフィールをまとめ、イメージを膨

らませるための言葉を追加したり改良したりする。

まとまらない場合のアプローチ：
　・一休みしてから、もう一度やってみる。ペルソナをまとめる『アーティスト』には潜在意識の処理時間が必要。
　・場合によっては、それを破棄して新しい紙に書き直す。その際、自分が集めた情報を活用して結論を出すことを忘れないこと。
　・グループ外の人とドラフトをテストし、インサイトを得る。

　学習者ペルソナについては、このツールの作成にも協力してくれたKaren Bisheaが書いたATDの*TD at Work*の特集"Learner Personas: Beyond Demographics"をご覧ください。

付録3

既存ツールの
アップグレード

このツールの目的：

　9つの要素を盛り込む方法を戦略的に追加することで、既存の学習資産をモダナイズしたり、新しい学習資産を作成したりします。

インストラクション：

1. モダナイズしたい学習資産を説明する名前を付けます。ステップ1の欄には、各モダナイズ要素がある場合（1）、無い場合には（0）として、セルに「1」または「0」を入力します。そして、その欄を合計します。

2. ステップ2の欄には、学習資産に各モダナイズ要素を取り入れることが可能かどうかを「はい」または「いいえ」で入力します（クリエイティブに考えてみましょう）。

3. ステップ3の欄には、この要素をどのように盛り込むかのアイデアを書きます。この段階では、お金やリソースなどで制限することなく、すべてのアイデアを挙げてください。ラーンツールで可視化した学習者ペルソナの価値観や動機を考えながら、コメント欄に詳細を記入してください。

4. それらのアイデアの実現可能性を考えます。それは、今可能なのか後にしたほうがよいのか？　後となる場合、今は利用できない追加のリソース（コスト、時間、スタッフ）が必要であることを意味します。ステッ

プ4の欄にN（今）またはL（後）と記入してください。

5. ステップ4の欄から、積極的にモダナイズしたいと考える学習資産のモダナイズアイデアをハイライトします。その選択肢のセットにそれを説明する名前を付け、チャートの下に入力します。次に、新しい資産のモダイナイズスコアを付けます。モダナイズ要素が含まれている場合は1、無い場合は0を入力します。この列を合計して、新しいモダナイズ度スコアを算出します。あなたの新しいモダニティ・スコアは、既存の資産のスコアよりも高いですか？　高ければ、できます！　さあ、頑張りましょう！

注：このツールは、新しい学習資産のアイデアを促すことがあります。それらのアイデアをラーニングクラスターに含める方法については、サラウンドアクションをご覧ください。

既存ツールのアップグレード

既存の資産：_____
【資産の名称】

モダンラーニングアセットの9つの要素	ステップ1：既存の評価(1=Yes, 0=No	ステップ2：可能か？(Y/N)	ステップ3：この要素のアイデアをリストアップする	ステップ4：今か後か	ステップ5：レートのモダナイズ・オプション(1=Yes, 0=No)	モダナイズされた資産の説明：(「今」のモダナイズ計画のToDOリスト)
						コメント
アクセシビリティ						
自律性						
チャンク						
最新であるか						
体験的						
For Me（『自分』向けになっているか）						
ハイパーリンク						
MVAK						
ソーシャル						
モダイナイズ度スコア						

モダナイズされた資産：_____
【資産の名称】

モダナイズの違いは何か？_____
【ステップ1からステップ5の要約】

付録 4

意味のある資産で
学習者を取り囲むツール

このツールの目的：

　スキルギャップを解消するために、3つの学習タッチポイント（ソーシャル、フォーマル、即時）に複数の学習資産を提供し、学習が必要となる重要な場面に学習コンテンツを利用できるように、慎重かつ思慮深く実施します。

1．ラーニングクラスターの名称＿＿＿＿＿＿＿＿＿＿＿＿＿＿＿＿＿＿
　　　　　　　　　　　　　　　　　　【通常は、パフォーマンス改善目標の名称を記入する】

2．SPO（チェンジ・アクション）：＿＿＿＿＿＿＿＿の＿＿＿＿＿＿＿＿
　　　　　　　　　　　　　　　　　【学習者グループ】　　　　　【スキル】

　　を改善/向上することによって,チームメンバーに対する＿＿＿＿＿＿＿の
　　　　　　　　　　　　　　　　　　　　　　　　　　　　【仕事上の目に見える行動】

　　業務行動変化をもたらすことにより、

　　ビジネス/事業に、＿＿＿＿＿＿＿＿＿＿＿＿＿＿＿＿＿の達成をもたらします。
　　　　　　　　　　　　　　　【KPI】

3．学習者ペルソナ別の学習資産タイプ（「ラーンアクション」「アップグレードアクション」より）：

（ペルソナ1）	（ペルソナ2）	（ペルソナ3）	すべて

4．ラーニングクラスターの開発

・発散させる／ブレインストーミング：

　学習者ペルソナを一人ずつ考え、それぞれのペルソナ固有のニーズ（いつ、どこで、どのように業務や学習をするか）を満たす可能性のある学習資産をブレインストーミングします。1つのアセットですべての学習目標をカバーすることはできませんが、学習資産の列全体でペルソナが必要とする学習目標に対応することができます。

- チャートのペルソナ名の下に、アセットの名前を入力します（通常メディアの違いや種類：ビデオ、クラス、wikiオブジェクト、eラーニングなど）。
- 各学習資産の説明を記述し、そのセル内にあるアイデアを伝えます。
- 各列を順に下方に向かって埋めていきます。一部の資産は複数の列に表示される場合もあります。
- 最初の3つのアクションの結果を、このブレインストーミングセッションのインプットとして使用します。

・収束させる：

　想定される学習資産の全体像を見て、そのラーニングクラスターに盛り込みたいものを選びます。各ペルソナの学習ニーズと、自分の状況に合った現実的なものを考えてみましょう。適切な組み合わせを見つけるためには、何度か試行錯誤を繰り返す必要があるかもしれません。

・学習資産を学習のタッチポイントにマッピングする：

　各ペルソナのそれぞれのタッチポイントに学習資産を用意する必要があります。

◦ 選択した各学習資産のショートネームを、適宜色分けしたボックスまたはセルにコピーします。
◦ カラーボックスを適宜、ラーニングクラスターのイメージ上に移動させます。
◦ すべてのペルソナに通用するアセットは黒や白などモノトーンにし、重複しているものは削除してください。
◦ 何か足りない、と思われたら、学習者のペルソナのニーズを満たすために、追加のアセットを特定します。

ヒント：結果として得られたラーニングクラスターのイメージ上には、色付けされたものとモノトーン（すべてに当てはまるもの）が混在している必要がありますが、すべてがモノトーンということはありません。

・**チェック＆再チェック：**
  ◦ 各ペルソナの学習タッチポイントごとに学習資産がありますか？
  ◦ 学習者ペルソナから明らかになったニーズで、満たされていないものはありませんか？
  ◦ アセットは、ラーニングクラスターの戦略的パフォーマンス目標を促進するものですか？

5．各学習資産に最終目標と実現目標を割り当てる：

　チェンジツールで示された目的の階層的な関係に戻ります。このプロジェクトに必要なレベルの詳細まで、最終目標と実現目標をリストアップします。どの学習資産が各目標をカバーするかを示します。いつ、どこで、どのように学習する必要があるのかに沿った学習者ペルソナに関連する各目標達成にふさわしい学習資産に触れることができるようにし、それらの学習目標に到達できるよう選択肢を提供します（通常の学習目標マッピングツールを使って、必要に応じて修正することもできます）。

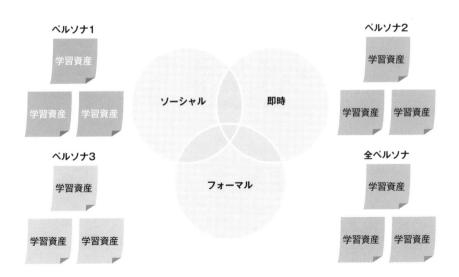

付録 5

変革の結果を
記録するツール

このツールの目的：

　ラーニングクラスターの全体的な効果を、学習者の業務行動の変化と特定の
KPIにおけるポジティブな変化を測定することです。さらに、ラーニングクラ
スターの影響を例証するパワフルなストーリーを探し出します。最後に、Ｌ＆
Ｄが効果的に機能していることを確認するために、主要な学習資産に関するい
くつかの測定値を集めます。（注：このツールは、ラーニングクラスターのイ
ンパクトを測定することに焦点を当てています。OK-LCDモデルを採用した
結果としてのＬ＆Ｄ全体の有効性については、別途取り上げます）。これらの
測定により、Ｌ＆Ｄは以下のことができます。

- ・意味のある目標とターゲットを明確にすることで、学習者、Ｌ＆Ｄ、そし
  て企業が目標としている「ゴールライン」を知ることができる。
- ・将来的なＬ＆Ｄ資金や経営資源の更なる支援を促すような価値を示すこと
  ができる。
- ・Ｌ＆Ｄが知り得ている学習者にとって何が有効で、何を改善する必要があ
  るかについての内部フィードバックを提供することができる。

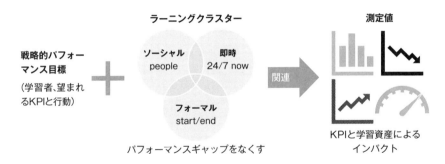

ラーニングクラスター名＿＿＿＿＿＿＿＿＿＿＿＿＿＿＿＿＿＿＿＿＿＿＿＿＿

ラーニングクラスターの戦略的パフォーマンス目標：

ステップ1：ラーニングクラスター全体での施策の選択

この一連の測定の目的は、そのアプローチが機能しているかどうかを判断することです。KPIの改善につながる行動変容がある従業員のクリティカルマスが構築される際のトレンドを特定できますか？

何を測るのか	データの入手方法	クラスター前の値	ゴール	クラスター後の値
KPI：＿＿＿＿＿				
行動1				
行動2				

・1列目には、SPOに紐づけられたKPI指標とそれにインパクトを与えるために設計された学習クラスターによって導かれる、期待される業務行動の変化を列挙する。
・L＆Dがこれらのデータを定期的に入手する方法を決定する（これには多少の作業と交渉が必要かもしれません）。

・可能な限りベースラインの測定値（学習クラスターを導入する前のKPIの値や行動の測定値）を取得する。
・目標を決定する（例えば、変化率、具体的な数値、逸話から得られる証拠など）。この変化測定の時間枠に注意する（１週間、四半期、１年？）。

右の欄は後のためにそのままにしておきます。ラーニングクラスターが起動した後に記入してください。定期的にデータを収集し、結果を目標と比較するために使います（４列目）。

ステップ２：主要な学習資産の測定

この一連の指標の目的は、Ｌ＆Ｄが学習者のニーズを満たしているかどうかを判断し、その指標が注目されるストーリーを共有する資産であるかどうかを特定することです。

学習資産	SFI	測定値	カークパトリック・レベル1-4	ゴール	データの入手方法と時期
例：メンタリングプログラム	S	1. メンターが自分のパフォーマンスを向上させてくれると思うメンティの割合 2. メンティの証言とメンターの体験談	3	1. 70%トップ２ボックス 2. 四半期ごとに２つのグッドストーリー共有	アクティブなメンティ・メンターペアを対象とした２つの質問によるアンケートを四半期ごとに実施。（回答率80%）

- 主要な学習資産をさきほどの表にリストアップする（ビデオのセットのように、類似したものをグループ化）。
- 学習資産の学習タッチポイントに注意を払う。
- 各学習資産または類似したアセットのグループに対する測定基準を選択する。決定に至るまでには、ブレインストーミングや話し合いの必要も検討する。
  - 学習者はこの資産を使ってどのようにパフォーマンスを示すか？（使用中または使用後？　Q&Aを通して？）
  - どのグループが測定値のターゲット達成に貢献するか。学習者のみか、その他の検討も必要か？
- 各指標がどのカークパトリック評価レベルを対象としているかに注意する。レベル1や2だけではなく、さまざまなレベルを組み合わせる。
- ゴールを書き留める。L&Dにとっては、そのゴール達成にコミットするのは難しいかもしれないが、ゴールがなければ、いつゴールに到達し、成功を宣言できるのがわからなくなる。
- どのようにして、どのような頻度で測定するかを決定する。現実的に考えて、どの測定がどのくらいの期間必要なのかを検討する。

ステップ３：共有する人を選ぶ

　ステップ１と２でいくつかの測定方法を選択します。Ｌ＆Ｄとしては、すべての資産と全体的な効果を測定したいところですが、マネジメントに対する総括を伝えるためには、もっと簡潔なストーリーが必要です。利害関係者や従業員が、学習クラスターを推薦したくなる動機づけとなるような強力な測定値を、これまでの測定結果から選びます。ステップ１の測定値を少なくとも１つは含めるようにしてください。

-

-

-

-

-

　時間の経過とともに、測定方法を変えたり、特定の資産がSPOに貢献していることがわかるはずですが、必要に応じてストーリーを変更し、モダンＬ＆Ｄの関連性と貢献度を継続的に示しましょう。

例
ラーニングクラスター名：継続的フィードバック
ラーニングクラスター戦略的パフォーマンス目標：

　マネージャー（経験者と新任者）による部下や他者に対する継続的なフィードバックスキルを向上させることによって、新入社員の生産性向上と従業員のエンゲージメント向上という組織的利益を得ることができます。そのために必要とされる業務上の行動変容は、選択したフィードバックモデルに沿って頻繁にフィードバックの会話をすることです。

学習資産	SFI	測定値	カークパトリック・レベル1-4	ゴール	データの入手方法と時期
ラーニングクラスター	SFI	・生産性向上までの時間 ・年次調査、フィードバックの質問 ・従業員のエンゲージメント	4, 5 3 4, 5	・10%アップ ・60%トップ2ボックス ・5%アップ	前年同期比
Manager Community of Practice（オンライン）	S	・投稿数/月 ・ストーリーのレビュー投稿	2, 3	・15%の書き込み ・60%ビュー	・ウェブサイトからの報告 ・オンラインで記事を読む
ダイレクトレポートのフィードバック	SF	・直属の部下の20%にアンケートを実施	3	・トレンドアップ、目標=75	
アプリのリマインダーやジャーナル	I	・ユーザーの割合 ・月間使用回数	2, 3	・60%使用 ・平均して月2回	ウェブサイトからの報告
バイトサイズの動画	SI	・サムシングアップ（いいね）またはダウンの数 ・ストーリーのコメントを見る	1, 3	・10%クリック ・3話/年	ウェブサイトからの報告
セルフアセスメントツール	I	80%が年に2回以上の使用	3		ウェブサイトからの報告
クラスルーム研修	SF	・スマイルシート ・トレーナー評価	1, 2 2	・80% T2B ・80%	・LMSによる概要まとめ ・LMSからのアンケート

おわりに　－翻訳者あとがき－

　AIに関連したテクノロジーが大きく進展する中、その浸透によって仕事が大きく変わり、仕事がなくなる職種も出てくるという議論は、5年以上前から活発になりました。そして、その頃はまだごく一部にしか活用されていなかったAI技術が、すでに当たり前のようにあちこちに使われるようになりました。「DX」は掛け声ではなく、業務をこなす上で欠かすことができない条件となり、簡易な分析ツールも日常の業務の中で使うことができるアプリケーションやWeb上で展開できるツールとして、通常業務で使うことができるようになってきました。

　一方、COVID-19 以前は、とかく「対面」を重視していた会議や研修も急速にデジタル転換しなければならない状況に追い込まれました。本書でいうところのL&D、研修や人材開発を担う部門は、COVID-19の影響によって、「集合研修」をオンラインのバーチャル研修に置き換え、対面研修の機会を減らさざるを得なくなったため、パッケージのeラーニングライブラリーを導入したり、ラーニングプラットフォームを導入したりしたかもしれません。そのような状況から、今（2022年時点）聞かれるのは、「eラーニングコースを導入したけれど、どうも『自律学習』が進んでいない」とか、「LMSでできることがよくわからない。どのLMSを選べばよいのかに悩んでいる」などと言った声、そして、「いったい何をもってして、そういったテクノロジーを導入した学習環境における効果性として見ていけばよいのかに悩んでいる」と言った声です。

　私がインストラクショナルデザイナーとしてのキャリアを歩み始めていた1995年ころは、ちょうど初期のeラーニングが注目を集め始めた時期で、それまでの研修コンテンツをeラーニング化し、どう学習結果の記録を取得し、eラーニングコンテンツでの学習をどう飽きさせないでコースを修了してもらうかの工夫、設計に焦点が当たっていました。一方、日本においては、「インストラクショナルデザイン」とは、eラーニングのデザインのことだ、と誤解されているころでもありました。

　本書の中でも記載があるように、インストラクショナルデザインは、研修そのものを設計する上での基本的な考え方です。しかし、当時の日本企業においては、基本的なインストラクショナルデザインのプロセスそのものが組織の研

修部門や人材開発部門に展開されている状況ではなく、経験値で踏襲していることが多かったのです。インストラクショナルデザインを社名に独立後、公開セミナーや企業の研修部門や人材開発部門の方々へのワークショップなどを展開し、今までに延べ数千人の方がインストラクショナルデザインのコースやワークショップを修了してくださいました。そういった意味では、今回のOK-LCDモデルを展開していく上での基礎となる知識を学習された方が日本にも沢山いるということです。

一方で、インストラクショナルデザイン、研修部門の運営、人材開発戦略やタレントマネジメントのコンサルティングを提供していく中で、L&Dの組織における「研修」提供の目的が、パフォーマンスや業務キャパシティへの貢献、組織戦略に資する組織人材全体のケイパビリティの向上を踏まえたアプローチがあまりにも少なく、「研修」を提供することが目的となっている現状があることが気になりました。そこで、「パフォーマンスコンサルティング」の考え方に基づくHuman Performance Improvement（HPI）のフレームを使って、人のパフォーマンスの向上に貢献するための施策の一部として研修を捉える考え方や、パフォーマンスの観点からの研修貢献度の考え方に関するセミナーもインストラクショナルデザイン研修の一部として展開してきました。

「研修の効果測定」には、多くの皆さんが関心を寄せているところだと思いますが、「研修提供」の目的を考えた時、その出発点が、パフォーマンス目標やビジネス目標につながるものでなくてはなりません。そして、今や、「研修」というイベント的な学習要素やｅラーニングコースの提供といったフォーマルな計画的な学習環境の提供だけでは、変化の激しい現代の学習ニーズを満たすことができなくなってきました。「研修の設計」や「研修コンテンツやコースに対するエンゲージメントを高める工夫」だけが学習（ラーニング）を提供する役割を担っている機能に求められることではなくなってきたのです。いよいよ私たちの仕事そのものへの変化が求められることになってきました。

インストラクショナルデザインのコースを修了された方も多く、また、研修の効果測定にも関心が集まっていると述べましたが、その実践と設計には、継続的な経験とフィードバックが欠かせません。また、実際にはそのプロセスをしっかりと適応して「学習ニーズ」の分析からスタートして「研修」の効果までをトラックしている例もあまり聞きません。研修ベンダーに対する「この『研修の効果』は何ですか？」という質問がされるということは、よく聞きま

す。つまり、自分たちの組織の具体的な学習ニーズの分析や課題特定がされることなく「研修の効果」のみが注目されているのです。当然のことながら、プロフェッショナルとしての研修ベンダーのコースは、ある特定の「習得目標」を設定し、その「学習」目標の達成に向けて、研修へのエンゲージメントを高める工夫や設計がなされているハズなので、習得目標と学習アクティビティーの具体効果を説明することができます。しかし、そこで説明されている「できるようになること」は、「学習者」の業務やキャリア形成の過程でどのように確認できるのでしょうか?

　カダキアとオウエンスが本書で述べているように、まずは、「研修を提供すること」という役割からの意識転換が必要です。業務パフォーマンスに注目し、その分析をし、ビジネス目標との関連性で「学習」課題の明確化、そこからデザインしていくプロセスに入るための知識・スキルを身につけ、新しい時代の人々の学習と組織の発展に貢献する役割機能への転換を図っていきましょう。

　OK-LCDモデルは、そういった時代の変化に対する人材開発部門や「研修」提供、および研修に関わるコンサルティングを提供しているプロフェッショナルたちへの考え方と方向性を示しています。次々と新しいテクノロジーが開発され、業務や日常へのテクノロジーの浸透がスピーディーになっている今、「学習すること」は企業にとっても、働く私たちにとってもとても重要な「仕事」の要素です。学びを“フロー・オブ・ワーク”の中で実現できるようにするためにも、私たちの業務や学習を取り巻くテクノロジーを理解するととも、このフレームワークを適応していくプロセスを実践しながら、新しい時代のL&Dを目指していきましょう。

　OK-LCDモデル実践の基礎となるインストラクショナルデザインのコースやコンサルティングのスキルやパフォーマンス分析の知識・スキルに関してのコースやワークショップ、L&D部門に対するコーチングは、引き続き提供してまいります。ご関心のある方は、ぜひ翻訳者、または本書の版元であるJMAMまでお問い合わせください。

　日本においてもOK-LCDのプラクティスを共有、発展できるコミュニティーを構築していきたいと思っております。

2022年9月
翻訳者：中原孝子

参考文献

Austin, T. 2018. "HR Considerations for Remote Employees." GMS, August 20. groupmgmt.com/blog /post/2018/08/20/HR-Considerations-for-Remote-Employees.aspx.

Benko, C., T. Gorman, and A.R. Steinberg. 2014. "Disrupting the CHRO: Following in the CFO's Footsteps." *Deloitte Review*, 14. deloitte.com/us/en/insights/deloitte-review/issue-14/dr14 -disrupting-the-chro.html.

Boileau, T. n.d. "Informal Learning." In *Foundations of Learning and Instructional Design Technology*, edited by Richard E. West. lidtfoundations.pressbooks.com/chapter/informal-learning-by-boileau.

Change Factory. n.d. "Training Needs Analysis." Change Factory. changefactory.com.au/service /developing-people/training-needs-analysis.

Docebo. 2019. *E-Learning Trends 2019*. Docebo. docebo.com/resource/report-elearning-trends-2019.

Ebbinghaus, H. 1885. *Memory: A Contribution to Experimental Psychology*. New York: Dover.

Edutopia. 2011. "Resources on Learning and the Brain." Edutopia, October 25. edutopia.org/article /brain-based-learning-resources.

Grovo. 2015. "Training the Trainer: How to Create Microlearning." Whitepaper. Elearning Guild, January 26. elearningguild.com/sponsored/56/training-the-trainer-how-to-create-microlearning.

Grovo. 2016. "The Disappearing Act: Why Millennials Leave Companies—And How L&D Can Entice Them to Stay." Whitepaper. Grovo. a1.grovo.com/asset/whitepapers/why-millennials-leave -companies-whitepaper.pdf.

Gutierrez, K. 2016. "10 Statistics on Corporate Training and What They Mean for Your Company's Future." Shift Learning, January 28. shiftelearning.com/blog/statistics-on-corporate-training -and-what-they-mean-for-your-companys-future.

Hart, J. 2015. "The L&D World Is Splitting in Two." Learning in the Modern Workplace, November 12. c4lpt.co.uk/blog/2015/11/12/the-ld-world-is-splitting-in-two.

Hofmann, J. 2004. *Live and Online! Tips, Techniques, and Ready-to-Use Activities for the Virtual Classroom*. San Francisco: Pfeiffer.

National Research Council. 2000. "Mind and Brain." Chapter 5 in *How People Learn: Brain, Mind, Experience, and School: Expanded Edition*, edited by J.D. Bransford, A.L. Brown, and R.R. Cocking. Washington, D.C.: The National Academies Press. nap.edu/read/9853/chapter/8#116.

Klein, A. 2015. "Don't Only Focus on Training—Address Barriers to Performance." Caveo Learning, June 30. caveolearning.com/blog/address-barriers-to-performance.

LinkedIn. 2019. "LinkedIn Workplace Learning Report." LinkedIn. learning.linkedin.com/content /dam/me/business/en-us/amp/learning-solutions/images/workplace-learning-report-2019/pdf /workplace-learning-report-2019.pdf.

Lombardo, M.M., and R.W. Eichinger. 1996. *The Career Architect Development Planner,* 1st ed. Minneapolis: Lominger.

Lombardozzi, C. 2015. "Surprise: New Employees Want Formal Training." ATD Insights, December 7. td.org/insights/surprise-new-employees-want-formal-training.

Origin Learning. 2015. "Blended Learning to Address the Five Moments of Need Infographic." Origin Learning, February 20. blog.originlearning.com/using-blended-learning-to-address-the-five-moments-of-need.

Palmer, K., and D. Blake. 2018. "Developing Employees: How to Help Your Employees Learn From Each Other." *Harvard business Review,* November. hbr.org/2018/11/how-to-help-your-employees-learn-from-each-other.

Paul, K. 2007. *Study Smarter, Not Harder.* Bellingham, WA: Self-Counsel Press.

Performcorp. 2012. "L&D Myopia." Performcorp, July 10. performcorp.wordpress.com/2012/07/10/l-d-myopia.

Phillips, J.J., and P.P. Phillips. 2016. "Create an Executive-Friendly Learning Scorecard." *Chief Learning Officer,* April 6. chieflearningofficer.com/2016/04/06/create-an-executive-friendly-learning-scorecard.

Quora. 2017. "What Makes Chunking Such an Effective Way to Learn?" *Forbes,* November 8. forbes.com/sites/quora/2017/11/08/what-makes-chunking-such-an-effective-way-to-learn/#77580de160a9.

Rich, K. 2015. "State of Employee Training." Intrado, October 14.

Schimanke, F., F. Hallay, R. Mertens, O. Vornberger, and A. Enders. 2015. "Using a Spaced-Repetition-Based Mobile Learning Game in Database Lectures." Paper presented at World Conference on E-Learning, Kona, HI. researchgate.net/publication/292151229_Using_a_Spaced-Repetition-Based_Mobile_Learning_Game_in_Database_Lectures.

Schimanke, F., R. Mertens, and O. Vornberger. 2013. "What to Learn Next? Content Selection Support in Mobile Game-Based Learning." Paper presented at World Conference on E-Learning, Las Vegas, NV, October. researchgate.net/publication/261952026_WHAT_TO_LEARN_NEXT_CONTENT_SELECTION_SUPPORT_IN_MOBILE_GAME-BASED_LEARNING.

Site Staff. 2012. "Informal Learning: Accidental vs. Intentional. *Chief Learning Officer,* June 14. chieflearningofficer.com/2012/06/14/informal-learning-accidental-vs-intentional.

The Training & Development World. 2019. "Myths and 'Lies' About Training and Learning." The Training & Development World, August 22. thetrainingworld.com/resources/Lies_Myths_and_Misconceptions_About_Learning_and_Instruction.

Vance, D. 2016. "Bring Standards to the Learning Profession." *Chief Learning Officer,* April 12. chieflearningofficer.com/2016/04/12/bring-standards-to-the-learning-profession.

Vance, D., and P. Parskey. 2014. "Managing Learning Like a Business to Deliver Greater Impact, Effectiveness, and Efficiency." Whitepaper. Center for Talent Reporting, July 1. centerfortalentreporting.org/documents/whitepaper-executive-brief.pdf.

WikiHow. 2019. "How to Learn Any Subject Without Teachers." wikihow.com/Learn-Any-Subject-Without-Teachers.

リファレンス

Arets, J., C. Jennings, and V. Heijnen. 2016. *702010: Towards 100% performance*. Maastricht: Sutler Media.

Basarab, D. 2011. *Predictive Evaluation: Ensuring Training Delivers Business and Organizational Results*. San Francisco: Berrett-Koehler.

Benko, C., T. Gorman, and A.R. Steinberg. 2014. "Disrupting the CHRO: Following in the CFO's Footsteps." *Deloitte Review,* 14. deloitte.com/insights/us/en/deloitte-review/issue-14/dr14-disrupting -the-chro.html.

Bloom, B.S., G.F. Madaus, and J.T. Hastings. 1981. *Evaluation to Improve Learning*. New York: McGraw-Hill.

Bloom, N., J. Liang, J. Roberts, and J.Y. Zichun. 2015. "Does Working From Home Work? Evidence From a Chinese Experiment." *The Quarterly Journal of Economics 130(1): 165-218*. nbloom.people. stanford.edu/sites/g/files/sbiybj4746/f/wfh.pdf.

Box, G.E.P. 1976. "Science and Statistics." *Journal of the American Statistical Association* 71:791–799. doi:10.1080/01621459.1976.10480949.

Brown, J.S., A. Collins, and P. Duguid. 1989. "Situated Cognition and the Culture of Learning." *Educational Researcher* 18(1): 32–42.

Cermak, J., and M. McGurk. 2010. "Putting a Value on Training." *Mckinsey,* July. mckinsey.com /business-functions/organization/our-insights/putting-a-value-on-training.

Clark, D. 2014. "Spaced-Practice: Free White Paper & 10 Practical Ways to Make It Happen." Learningpool, September 10. donaldclarkplanb.blogspot.com/2014/09/spaced-practice-8 -practical-ways-to.html.

Davachi, L., T. Kiefer, D. Rock, and L. Rock. 2010. "Learning That Lasts Through AGES: Maximizing the Effectiveness of Learning Initiatives." *NeuroLeadership Journal* 3:53-63. blueroom.neuroleadership.com/assets/documents/AGES.pdf.

Davis, J., M. Balda, D. Rock, P. McGinniss, and L. Davachi. 2014. *The Science of Making Learning Stick: An Update to the AGES Model*. NeuroLeadership Institute, August 15. neuroleadership.com /portfolio-items/the-science-of-making-learning-stick-an-update-to-the-ages-model.

Degreed. 2016. *How the Workforce Learns in 2016*. Degreed. get.degreed.com/hubfs/Degreed_How_the _Workforce_Learns_in_2016.pdf.

Deloitte. 2017. "Deloitte Global Human Capital Trends: Rewriting the Rules for the Digital Age." Deloitte. deloitte.com/content/dam/Deloitte/global/Documents/About-Deloitte/central-europe /ce-global-human-capital-trends.pdf.

Encyclopaedia Britannica. 2019. "Moore's Law." Encyclopaedia Britannica, March 29. britannica.com /technology/Moores-law.

Gagné, R.M. 1965. *The Conditions of Learning and Theory of Instruction.* New York: Holt, Rinehart, and Winston.

Giossos, Y., M. Koutsouba, A. Lionarakis, and K. Skavantzos. 2009. "Reconsidering Moore's Transactional Distance Theory." *European Journal of Open, Distance and E-Learning.* eurodl.org/?p =archives&year=2009&halfyear=2&article=374.

Gottfredson, C., and B. Mosher. 2011. *Innovative Performance Support: Strategies and Practices for Learning in the Workflow.* New York: McGraw-Hill.

Greany, K. 2018. "Profile of a Modern Learner [Infographic]." Elucidat, August 15. elucidat.com/blog /modern-learner-profile-infographic.

Gustafson, K.L., and R.M. Branch. 2002. *Survey of Instructional Development Models.* 4th ed. Syracuse, NY: ERIC Clearinghouse on Information and Terminology.

International Workplace Group. 2019. *Welcome to Generation Flex—the Employee Power Shift.* International Workplace Group, March. iwgplc.com/global-workspace-survey-2019.

Jennings, C., V. Heijnen, and J. Arets. 2019. 5 "Myths About the 70:20:10 Reference Model." 70:20:10 Institute, April 12. 702010institute.com/5-myths-702010-reference-model.

Kemp, J.E. 1985. *The Instructional Design Process.* New York: Harper & Row.

Kemp, J.E., G.R. Morrison, and S.V. Ross. 1994. *Design Effective Instruction.* New York: Macmillan.

Kirkpatrick, J.D., and W.K. Kirkpatrick. 2016. *Kirkpatrick's Four Levels of Training Evaluation.* Alexandria, VA: ATD Press.

Kirkpatrick Partners. n.d. "Our Philosophy: The Kirkpatrick Model." Kirkpatrick Partners. kirkpatrickpartners.com/Our-Philosophy/The-Kirkpatrick-Model.

Knowles, M.S. 1968. "Andragogy, Not Pedagogy." *Adult Leadership* 16(10): 350–352, 386.

LinkedIn. 2017. "LinkedIn Workplace Learning Report." LinkedIn. learning.linkedin.com/resources /workplace-learning-report-2018#. (Note that the 2017 report has been removed from the website.)

Mager, R. 1972. *Goal Analysis.* Belmont, CA: Fearon Publishers.

Mauer, R. 2019. "HR and Chatbots Are Learning Together. Society for Human Resource Management, April 30. shrm.org/ResourcesAndTools/hr-topics/technology/Pages/HR-Chatbots-Are-Learning -Together.aspx.

Moore, M. 1997. "Theory of Transactional Distance." Chapter 2 in *Theoretical Principles of Distance Education,* edited by D. Keegen, 22–38. New York: Routledge.

Mosher, B., and C. Gottfredson. 2012. "Are You Meeting All Five Moments of Learning Need?" Learning Solutions, June 18. learningsolutionsmag.com/articles/949/are-you-meeting-all-five -moments-of-learning-need.

Reichheld, F. 2003. "The One Number You Need to Grow." *Harvard Business Review,* December. hbr.org/2003/12/the-one-number-you-need-to-grow.

Rich, K. 2015. "State of Employee Training (Infographic)." Intrado, October 14. westuc.com/en-us /blog/webinars-enterprise-streaming/state-employee-training-infographic.

ROI Institute. n.d. "Free Tools." ROI Institute. roiinstitute.net/download/response-to-linkedin-post.

SAS. 2019. "Artificial Intelligence: What It Is and Why It Matters." SAS. sas.com/en_us/insights /analytics/what-is-artificial-intelligence.html.

Seidman, D. 2014. "From the Knowledge Economy to the Human Economy." *Harvard Business Review*, November 12. hbr.org/2014/11/from-the-knowledge-economy-to-the-human-economy

Soehren, M. 2019. "It's All About the Impact." *TD* Magazine, June.

Staron, L. 2018. "Employee Training and Development: How to Measure the ROI of Training Programs." HR Technologist, September 11. hrtechnologist.com/articles/learning-amp-development/employee-training-and-development-how-to-measure-the-roi-of-training-programs.

Williams, K.B. 2019. "Learner Personas: Beyond Demographics." *TD at Work*, November.

著者について

クリスタル・カダキア

TEDxに２回登壇したほか、組織コンサルタント、ベストセラー作家としても知られています。コンサルタントとして、組織をデジタル時代に導き、キャリア開発、学習文化、インクルージョン、リーダーシップ開発、従業員エンゲージメントなどの分野で、顧客とともに人材戦略を再構築しています。過去のクライアントには、General Mills、Southern Company、Monster.com、Sierra Clubなどがあります。

学業面では、化学工学の学士号と組織開発の修士号を取得しています。

６年間のプロクター・アンド・ギャンブル社（P&G）での勤務を経て、コンサルティング会社を立ち上げ、チェンジマネジメントと職場での人と人との間のギャップを埋めることに取り組んできました。

ベストセラー『The Millennial Myth: Transforming Misunderstanding into Workplace Breakthroughs』やキーノートを通じて、クリスタルはこの10年間、世代間のギャップに悩む何千人もの人々のストーリーを変えてきました。クライアントへのサポートとともに、次のプロジェクトとして、デジタル時代の生き方とリーダーシップについての研究を深めています。人とのつながりを作り、燃え尽き症候群から抜け出し、日々の生活におけるテクノロジーの役割とのバランスをとるためのプラクティスなどを含む研究です。

クリスタルは、Power 30 Under 30、CLO Learning in Practice、ATD One to Watchの各賞を受賞しています。テキサス州オースティン出身で、現在は夫のジェレミーと共にジョージア州アトランタを拠点とし、自然や文化に触れることを大切にしています。

リサ・M・D・オウエンス

　エンジニアとしての考え方と、インストラクショナルデザインや学習科学への深い関心を組み合わせ、ビジネスを前進させるトレーニングを作成する学習の専門家です。

　プロクター・アンド・ギャンブル社（P&G）でエンジニアリング、消費者調査、品質管理の分野で成功を収めた後、リサはグローバルなトレーニングシステムの構築を依頼されました。教育学修士号を取得したリサは、すぐにP&Gのトップ・トレーニング・プロフェッショナルとなり、幅広い最先端の社内プログラムを指揮しました。

　2011年にP&Gを退職したリサは、クリスタル・カダキアと協力して、現代のL&Dが直面している問題を研究し、解決を導いています。この業績は、モダンラーニングデザインに関するコースで高い評価を受けました。また、『Leaders as Teachers Action Guide』、『Your Career:How to Make it Happen（第9版）』、『Lo Start-Up Di Una Corporate（企業のスタートアップ）』などの共著があります。2009年以降、ATD BEST AwardsやCLO ELITEなどのLearning Awardなどの審査員を定期的に務めています。

　リサは、ジョージア工科大学で化学工学の学士号を取得し、さらにMEdを取得しています。P&Gに入社する前は、サバンナリバー原子力発電所に勤務していました。また、教会教育にも積極的に取り組んでおり、全国規模で行われた多日制の青少年リーダーシップ研修プログラムの主任講師を務めました。青少年指導者としての活動は、China Capable Teensの創設者であるHelen Chen氏とのパートナーシップによって継続されています。

　冬はフロリダ州のケープコーラルで、夏はメリーランド州のエリコットシティで孫たちと過ごしています。一年を通して、夫と一緒に旅行をしています。定番の旅行先は、ワイナリーや国立公園でのアウトドアや文化的な体験などです。

翻訳者について

中原孝子 Nakahara Koko

　ATD認定CPTD。株式会社インストラクショナルデザイン　代表取締役。

　国立岩手大学卒業後、米コーネル大学大学院にて、教育の経済効果、国際コミュニケーション学等を学び、その後、慶應義塾大学環境情報学部武藤研究室訪問研究員として、インターネットを利用したデータマインニングやeラーニングなどの研究に携わる。

　米系製造販売会社、シティバンク、マイクロソフトにてトレーニングマネージャーとして活躍後、2002年5月株式会社インストラクショナル デザインを設立。ATD（Association for Talent Development）インターナショナルメンバーネットワークジャパンの理事（現副代表、元代表）も務めている。人材開発を取り巻く環境に求められるプロフェッショナル要件の変遷とともに、研修実施や設計をする者にとってのグローバルスタンダードとも言えるインストラクショナルデザインを紹介したいという思いでインストラクショナルデザイン社を立ち上げ、ATDの活動に積極的に携わってきた。インストラクショナルデザインだけではなく、人事・人材開発の重要な機能としての人々のパフォーマンス支援を重視したパフォーマンスコンサルティング業務（パフォーマンス分析〜施策選定〜測定〜チェンジマネジメント）も行っている。ATDの認定資格者CPLP（Certified Professional in Learning and Performance）としてその研鑽を重ね、理論と実践を兼ね備えたパフォーマンスコンサルタントとして金融から医薬品、製造業、IT企業、国際機関など幅広い分野にそのコンサルティングを提供してきている。

　JMAM発行の『人材教育』『Learning Design』など人材関連雑誌への投稿をはじめ、啓蒙のための記事も多数。翻訳書として『HPIの基本』（ヒューマンバリュー出版）、『データドリブン人事戦略』『AI革命が変える人材開発』（日本能率協会マネジメントセンター）があり、日本におけるインストラクショナルデザインおよびパフォーマンスコンサルティングの第一人者。

　2008年からは、ATDの国際カンファレンスをはじめとし、インド、マレーシア、ブラジル、台湾、韓国、オランダなど人事関連の国際カンファレンスでもスピーカーを務めるなど、国際的に活躍中。2017年5月ATD国際カンファ

レンスにて、"Machine Learning and AI-Will They End L&D as We Know It-" と題して、AI関連技術によって新しい段階に入った人材開発の役割変化への認識を喚起するパネルディスカッションを行っている。

ラーニングデザイン・ハンドブック
仕事の流れの中で学びを設計する

2022年9月30日　　初版第1刷発行

著　　者——クリスタル・カダキア、リサ・M・D・オ
　　　　　ウエンス
翻 訳 者——中原孝子
　　　　　　ⓒ2022 Nakahara Koko
発 行 者——張士洛
発 行 所——日本能率協会マネジメントセンター
〒103-6009　東京都中央区日本橋2-7-1 東京日本橋タワー
TEL　03(6362)4339(編集)／03(6362)4558(販売)
FAX　03(3272)8128(編集)／03(3272)8127(販売)
https://www.jmam.co.jp/

装　　丁——山之口正和＋沢田幸平（OKIKATA）
本文・DTP——株式会社明昌堂
印 刷 所——シナノ書籍印刷株式会社
製 本 所——株式会社新寿堂

ISBN 978-4-8005-9044-2　C2034
落丁・乱丁はおとりかえします。
PRINTED IN JAPAN